APRIRSI
ALLA
SORGENTE

APRIRSI ALLA SORGENTE

SELEZIONE DEGLI INSEGNAMENTI

DI

Douglas Harding

PUBBLICATO DA

Richard Lang

THE SHOLLOND TRUST

LONDRA

THE SHOLLOND TRUST
87B Cazenove Road
London N16 6BB
headexchange@gn.apc.org
www.headless.org

The Shollond Trust è una Charity Trust
del Regno Unito reg. no. 1059551

Immagine in copertina di rangsgraphics.com
Traduzione Ma Prem Shanti M.L. Costantini

Disegni all'interno di Joan Greenblatt (e Richard Lang)

ISBN 978-1-908774-49-1

A mia

madre e a mio padre,

a mia sorella e a mio fratello

Se veramente
vuoi vivere una
vita consapevole,
svegliarti dal
sogno sociale,
essere Chi
realmente sei,
tutto ti verrà
in aiuto e
spingedoti verso
quell'obiettivo
supremo.

INDICE

DIECI ESPERIMENTI

INTRODUZIONE

Douglas Harding (1909–2007) è un filosofo, maestro spirituale e autore di diversi libri, molto considerato. Egli ha sviluppato un metodo unico di risvegliarsi alla Sorgente, di vedere Chi realmente siamo. Il suo approccio, originale, efficace, diretto e pratico, conduce esattamente nel Cuore della questione, guidandoci direttamente a casa alla nostra Vera Naura, alla nostra Divinità.

Grande conoscitore delle scritture del grandi mistici di tutto il mondo, Harding è profondamente tradizionle. La sua voce distintiva si trova all'interno della lunga tradizione spirituale che si estende dalle antiche Upanishads Indiane attraverso i vedenti di tutte le religioni fino ai giorni nostri. Ciò nonostante il metodo di risveglio di Harding è principalmente ispirato dalla scienza moderna. Esso fa appello all'evidenza dei sensi piuttosto che alla verità rivelata.

Di conseguenza, nonostante Harding provi grande rispetto per i grandi mistici, il punto di partenza di questo Metodo non riguarda nessun testo sacro ma la nostra non mediata esperienza di noi stessi. Che cosa siete qui e ora? Chi siete realmente? Harding punta sul fatto osservabile che chi siete al centro è completamente diverso da ciò che siete a una certa distanza. Siete *essenzialmente* una "cosa", separata dalle altre cose, o siete una Non-cosa, che è capacità per le cose?

Il punto sta nel mettere da parte ciò che gli altri dicono e nel guardare voi stessi. Un ritornello di Harding è che siete la sola e definitiva autorità riguardo a voi. Non delegate a nessuno il potere di decidere chi realmente siete. Harding applica questa regola al suo proprio insegnamento: "Non credete a nessuna parola che vi dico! Sperimentatela!"

Al centro di questo percorso contemporaneo verso a casa, al vostro vero Sé, ci sono gli *esperimenti*. Sviluppati da Harding, questi unici esercizi di consapevolezza sono importanti, proprio vitali, perché essi forniscono un metodo così semplice e diretto tanto da permettervi di vedere la Sorgente in un attimo—se desiderate guardare nel posto giusto con una mente aperta. Non importa se non avete mai fatto una cosa simile prima, o se per caso, diciamo, vi sentite depressi. Tutto quello che vi si chiede è di guardare dentro e credere in ciò che vedete—o non vedete! Troverete diversi esperimenti alla fine di questo libro.

Lasciatemi enfatizzare l'importanza del *fare* questi esperimenti. *Leggere* ciò che riguarda la vostra Vera Natura senza *sperimentarla* è inutile e frustrante, è come guardare dei depliant di viaggi ma non andare mai in vacanza. E poiché la Visione indicata dagli esperimenti è proprio là dove voi siete ed è gratuita, non c'è nessuna scusa per non guardare! Siate avventurosi! Spendete pochi minuti per fare gli esperimeti. Non c'è niente da perdere e tutto da guadagnare.

Una volta che avete visto Chi realmente siete, continuate semplicemente a vederlo, occupandovi e attingendo da questa Risorsa ogni singolo giorno. Questa continua pratica è nutriente all'infinito. Benché forse non vi dia sempre ciò che volete, vi dà ciò di cui realmente avete bisogno. Siate consapevoli della Verità, e la Verità non solo vi renderà liberi ma si prenderà anche cura di voi.

Douglas Harding crebbe all'interno della setta dei Fratelli di Plymouth a Suffolk, Inghilterra. Avendo rinnegato il loro ottuso fondamentalismo all'età di 21 anni, Harding iniziò a farsi delle domande sulle affermazioni della società riguardo a ciò che significa essere umani. Dopo dieci anni di sostenuta ricerca, si imbatté nella lampante e ovvia presenza della Sorgente—nel vero centro e cuore di se stesso. (La nostra Vera Natura è ben nascosta proprio per il fatto di essere così ovvia!) Improvvisamente, Harding si accorse di *vedere* la Sorgente, non semplicemente immaginandola e pensandola.

Il risultato di questo risveglio fu una vera e propria grande opera filosofica, *The Hierarchy of Heaven and Earth: A New Diagram of Man in the Universe* (*La Gerarchia del Cielo e della Terra: Un Nuovo Diagramma dell'Uomo nell'Universo*), pubblicata in forma ridotta nel 1952 e descritta da C. S. Lewis come "un'opera di alta genialità". Scritta in modo splendido e attingendo profondamente da tutte le scienze, le arti e la religione, essa rappresenta una nuova, contemporanea visione del nostro posto nell'universo—o della posizione dell'universo dentro di noi. Essa rivela che ognuno di noi è una parte vitale e totalmente significativa del Tutto—in realtà, che ogni parte è il Tutto. Oltre ad essere vero, questo Auto-ritratto è talmente incantevole da togliere il respiro e, nonostante tutto il male del mondo, mette in evidenza il fatto che l'amore ne è l'essenza. Nel 1961 Harding pubblicò il suo nuovo libro, *On Having No Head* (*Non Avere Nessuna Testa*), un breve classivo che contiene una spettacolare descrizione del suo risveglio alla sua Vera Natura. (Vedi pagina xv). Da allora egli scrisse molti altri libri.

Il mio primo incontro con Douglas Harding avvenne nel 1970, dopodiché, quasi immediatamente, mi ritrovai a dedicarmi sia alla pratica che alla condivisione di questo Metodo. Nel 2003 rilessi quasi tutti i suoi scritti, alla ricerca delle citazioni per questo libro. Fu un'esperienza esaltante. Presi anche citazioni da interviste e conferenze audio e video. Ovviamente, le parole in questa selezione risuonano a me; qualcun altro potrebbe fare delle scelte diverse. Credo, tuttavia, che questa selezione rappresenti fedelmente Harding e il suo messaggio. Essa offre una buona vsione di lui come maestro, filosofo, scrittore, e amico spirituale. Mostra la sua ampia e profonda applicazione della *Via Senza Testa* nella vita di tutti i giorni—come funziona bene nella pratica—includendo i suoi commenti sulle relazioni, la creatività, l'amore, lo stress, l'affrontare i problemi e la morte.

Quello che ci arriva è anche l'irreprensibile curiosità di Harding riguardo alla vita; il suo piacere e la sua gioia; il suo senso dell'umorismo, la sua energia e la sua umanità; come pure la sua originalità, chiarezza e poesia dei suoi scritti. Intrecciata in tutto questo la profonda convinzione di Harding riguardante l'aspetto pratico del fidarsi di Chi realmente siamo—arrendendoci al volere di Dio—e la sua contagiosa meraviglia riguardo all'"impossibile" miracolo dell'Essere. Come egli dice, "In realtà non ci dovrebbe essere assolutamente nulla!" Eppure, sorprendentemente, c'è: l'Essere—che Auto-inventa se stesso e questo straordinario universo, il tutto in un ordine completamente funzionante! Come diamine fa?

Douglas Harding era un uomo che, "per una fortunata coincidenza", molto duro lavoro e per grazia di Dio, trovò la strada che portava dalla sua temporanea apparenza alla sua Realtà eterna, completando questo viaggio non come persona, naturalmente, ma come la Realtà stessa (che è il solo modo per farlo). Ed essendo arrivato a Casa, continuò a perpetuare questo viaggio ogni giorno, ritornando indietro nel posto che non lasciamo mai. Egli aiutò molti altri a percorrere lo spesso cammino—il "percorso di un metro" come lo definì lui—e durante più di quarant'anni di conferenze e seminari da lui tenuti in tutto il mondo si fece molti amici. Egli fece un grande regalo al mondo—una Via aperta per tornare a casa, alla Fonte Aperta dalla quale tutte le cose fluiscono liberamente e eternamente. Possano le sue parole essere di ispirazione per il Vostro viaggio verso casa, nel posto che non avete mai lasciato, e per poter godere ogni giorno dell'essere aperti alla Sorgente.

—Richard Lang
Londra, Inghilterra

ASSENZA TOTALE
Da *On Having No Head (Non Avere Nessuna Testa)*

Il più bel giorno della mia vita—la mia rinascita, per così dire—fu quando scoprii di non avere nessuna testa. Non si tratta di uno stratagemma letterario, di una battuta spiritosa designata a far crescere l'interesse ad ogni costo. Lo dico con tutta serietà: *Non ho nessuna testa*.

Questo accadde diciotto anni fa, avevo trentatre anni, quando feci la scoperta. Anche se avvenne all'improvviso, fu in risposta a una questione urgente; per diversi mesi ero stato completamente assorbito dalla domanda *Chi sono io?* Il fatto che tutto ciò accadde mentre stavo camminando sull'Himalaya probabilmente ebbe poco a che fare con la mia presenza lì, benché si dica che in quel paese si manifestino molto facilmente stati della mente inusuali. Comunque sia, una giornata veramente molto limpida e una vista dal crinale dove io stavo in piedi—sopra le vallate velate di azzurro della più alta catena di montagne del mondo—fornirono uno sfondo degno della più grande visione.

Ciò che accadde fu qualcosa di assolutamente semplice e non spettacolare: smisi di pensare. Mi prese una sigolare quiete, uno strano tipo di vigile alterazione della coscienza o intorbidimento. Ragione e immaginazione e tutto il dialogo mentale si calmarono. Per una volta rimasi realmente senza parole. Passato e futuro si dossolsero. Mi dimenticai chi e che cosa ero—il mio nome, la mia mascolinità, la mia appartenenza alla specie animale, tutto ciò che avrebbe potuto definirsi mio. Fu come se io fossi nato in quell'istante, nuovo di zecca, privo di mente, privo di qualsiasi ricordo. Esisteva solo l'Adesso, quel momento presente e ciò che era chiaramente dato in esso. Guardare era sufficiente. E ciò che trovai furono delle gambe di pantaloni color kaki che terminavano verso il basso con un paio di scarpe marrone, delle maniche color kaki che terminavano lateralmente con un paio di mani rosa e la parte davanti di una camicia color kaki che terminava verso l'alto in… assolutamente nulla! Certamente non in una testa.

Non mi ci volle neanche un attimo per notare che questo nulla, questo foro dove avrebbe dovuto esserci una testa, non era un'assenza ordinaria, non un semplice nulla. Al contrario, era molto occupato.

Era un vasto vuoto largamente riempito, un nulla che trovava posto per ogni cosa—spazio per erba, alberi, colline ombrose in lontananza, e molto al di sopra di esse cime nevose simili a una fila di nuvole spigolose a cavallo del cielo azzurro. Avevo perso una testa e guadagnato un mondo.

Il tutto era così splendido tanto da togliere il fiato. Mi sembrava di aver smesso completamente di respirare, assorbito in ciò che era Dato. Questa era la superba scena che brillava luminosa nell'aria limpida, sola e non sostenuta, misteriosamente sospesa nel vuoto, e (e questo era il vero miracolo, meraviglia e delizia) totalmente "liberata da me", priva di qualsiasi osservatore. La sua totale presenza era la mia totale assenza, di corpo e di anima.

Leggero più dell'aria, più trasparente del vetro, completamente liberato di me stesso. Ero ovunque lì intorno. Nonostante ciò, a dispetto della magica e inspiegabile qualità di questa visione, non si trattava di nessun sogno, di nessuna rivelazione esoterica. Piuttosto il contrario: dava la sensazione di essere come un improvviso risveglio dal sonno della vita ordinaria, uno smettere di sognare. Fu una realtà che illuminava se stessa, che per una volta aveva spazzato via completamente tutta la mente oscurante. Fu la rivelazione, dopo una così lunga attesa, del perfettamente ovvio. Fu un momento di lucidità nella storia di una vita confusa. Fu smetterla di ignorare qualcosa che (fin dalla prima infanzia, comunque) ero stato sempre troppo impegnato o troppo intelligente per vedere. Fu una nuda attenzione priva di critiche verso ciò che mi aveva guardato in faccia per tutto il tempo—la mia totale assenza di faccia. In breve, fu tutto perfettamente semplice, chiaro e diretto, al di là di qualsiasi discussione, pensiero e parole. Non c'erano domande, nessun riferimento oltre all'esperienza stessa, ma solamente pace, una gioia tranquilla e la sensazione di aver lasciato cadere un intollerabile fardello.

REALTÀ

Tutto si reduce a questa

semplice cosa:

Che cosa sono io secondo
la mia propria esperienza
in questo momento? Da
che cosa sto guardando
fuori—perché ciò è reale,
quella è la mia realtà,
distinta dall'aspetto che
ho per voi.

APPARENZA

Quando ci uniamo al club degli esseri umani
diventiamo eccentrici di circa un metro e
perdiamo il contatto con la Sorgente; perdiamo
il senso delle nostre vite.
Siamo in un guaio davvero, davvero profondo.

Esso si può riassumere in poche parole:
Sono ciò che appaio.

Beh, non lo sono. Sono esatamente l'*opposto*
di ciò che appaio.

Voi sapete che aspetto ho, è un problema vostro e
siate i benvenuti. Io mi sto occupando del posto da
dove ciò *arriva*, che è questo Mistero Risvegliato,
questo Spazio, questa Capacità, Immobilità,
Immensità, che visibilmente accolgono il mondo.

L'UNO

Sono espanso nel mondo. Non noto nessun
osservatore qui e qualcosa di osservato laggiù,
nessuno spioncino che comunichi con il mondo,
nessun infisso di finestra, nessuna frontiera.
Non rilevo un universo: esso giace completamente
spalancato di fronte a me.

Le cose spirituali sono assolutamente fisiche e le cose
assolutamente fisiche sono spirituali.
Non c'è nessuna divisione.

◻

Questo centro è l'infinito bocciolo che non sboccia mai
e contemporaneamente sempre nell'immenso fiore
del mio spazio multi-regionale.

Non pensate che rivolgerci all'interno verso questa
Non-cosa immortale sia *allontanarsi* da quel
mondo di cose mortali, cessare di esserne
coinvolto, dimenticarcene.

Quando non tengo conto dello Spazio che accordo loro qui, le perdo di vista. Ma quando guardo "solamente" questo Spazio le accolgo come bonus aggiuntivo, perché lo Spazio è sempre e assolutamente unito al contenuto. Se guardo fuori, ottengo a malapena metà della storia, se guardo dentro la ottengo tutta.

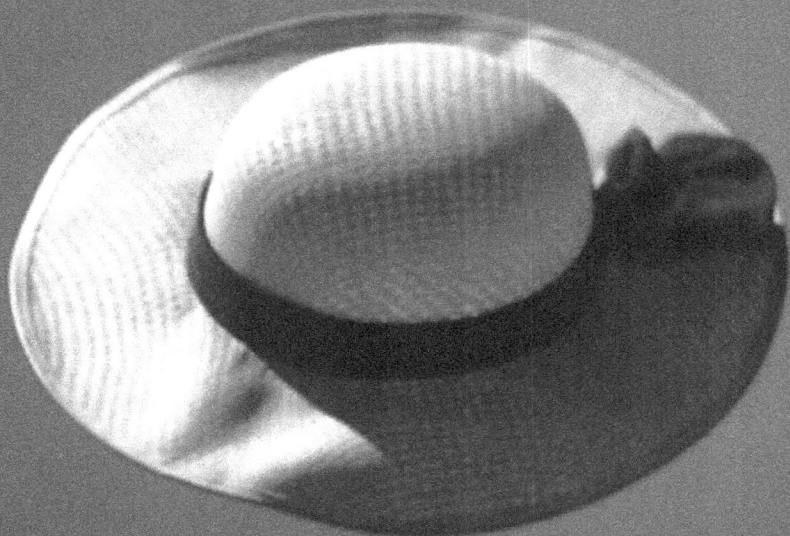

Che io la publicizzi o meno, questa organizzazione che io sono ha un posto vacante per un universo.

DIO

Dio è indivisibile.

Questa cosa è così meravigliosa perché significa
che tutto Dio è dove io sono—non il vostro piccolo
pezzetto di Dio, ma Dio nella sua totalità.

Se resistiamo a questo è perché perché stiamo
resistendo al nostro splendore, alla nostra grandezza.
La meravigliosa affermazione di tutti i mistici che
conosco e che chiamerei veri mistici è che il vostro
cuore, la realtà della vostra vita, la realtà del vostro
essere, il vostro sé reale è Dio nella sua totalità—non
una piccola parte di quel fuoco ma
l'*intero* fuoco.

L'assenza di divinità è l'assenza dell'essere.

ESSERE

La saggezza dell'umanità,
delle nostre specie, risiede nel
vostro vero centro, più vicino
a voi di qualsiasi altra cosa.
Il posto da dove venite, quello
dal quale guardate fuori, non
è un prodotto del mondo
ma l'*Origine* del mondo,
il Mistero.

Chiamatelo come volete:
Atman-Brahman, Natura del
Buddha, Allah, Dio, Presenza
di Cristo—esso ha molti
appellativi.

Ciò è più "me",
più centrale rispetto a me
di come io sia percepito.

Quello dal quale agisco,
quello per cui esisto,
quello dal quale vivo,
è l'Essere stesso.
L'Essere!

NON-DUALITÀ

Trovo che non abbia senso cancellare uno di questi
due—il Centro o la Periferia—considerandoli
uno *reale e l'altro irreale,* o anche uno come qualcosa
di meno reale e fondamentale, meno veramente
ME, rispetto all'altro.

Trovo anche che abbia poco senso dire che
uno di loro *dipende* dall'altro. Che la mia
coscienza non-fisica qui ha quel mondo fisico
come base. O, vicecersa, che quel mondo è
un caso—un divertimento occasionale o una
proiezione—di questa Consapevolezza che giace
qui nel suo centro. Fanno parte di un unico
pezzo, si presentano insieme, non sono serviti
separatamente. Non lo devo tanto da capire
o credere quanto vedere.

Per esempio, IO VEDO, proprio ora, che
questa Vacuità qui presente è—piuttosto che
contiene—queste forme e questi colori,
questa pagina e queste mani.

Come insiste lo Zen, forma è vuoto e vuoto è forma; *Nirvana* non è nient'altro che *Samsara*; il Loto dell'Illuminazone è un tutt'uno con lo Stagno dell'Illusione che quello sia il suo habitat. Tutte le volte che esalto uno dei due a spese dell'altro, sono nei guai, e il mio nemico, la Morte, mi tiene in pugno. Dio è nullo senza il suo mondo come quest'ultimo è nullo senza di lui.

Ma quando percepisco – quando vivo consapevolmente—la loro assoluta unità, io abbraccio la Morte come fosse un amico. Persino per Dio— specialmente per Dio—c'è, come si suol dire, sempre qualcosa.

La consapevolezza non è una cosa,
da dividere e spartire tra le cose.
È l'unica prerogativa, l'Essenza infinita,
della Prima Persona singolare, al tempo presente.

◉

Quello che esperimento dipende da molte
cose—dallo stato dei miei strati fisici e chimici,
dal mio cervello, dal mio corpo, dal mio mondo
e per ultimo dall'insieme delle cose.

Quello che esperimento dipende da
una Non-cosa. La consapevolezza è
la funzione di—quindi è—questa infinita
Vacuità nel cuore del mio mondo multi-strato.

*Immaginarla parcheggiata
nella terza persona come tale
è molto comune tanto quanto
assurdo, e tanto assurdo in
quanto è angosciante.*

Non è che, arrivando in questa terra-senza-nessun-uomo e in questa terra-priva-di cose—o, se volete, in questa Non-terra—si arriva a un punto *morto*, in una regione talmente inesistente che potrebbe non avere nessun significato o non trasmettere nessun interesse.

Esattamente il contrario.

È quel Non-conoscere da quali profondità sgorga il conosciuto senza alcuna ragione e senza fatica, quel Seme Impensabile di tutte le vite e di tutti i pensieri—incluso *questo* pensiero che lo riguarda.

L'INCONOSCIBILE

Per quanto cerchi come posso, non riesco a trovare nessun processo decisionale o nessuno che decida, nessuna idea o sensazione o impressione che mi appartenga—brillante o stupida—assolutamente nessuna mente ma solo questa semplice Coscienza o Consapevolezza che sembra assolutamente incapace, inutile, incompetente, assurda. Ciò nonostante, quello che è necessario viene a galla dalle profondità proprio quando dovrebbe. Nei Cieli scoprite questa tranquilla impennata che proviene dagli Abissi.

Provatela, imparate ad averne fiducia, e andate avanti affidandovi sempre di più ad essa. Ecco un'ispirazione infallibile per le non-persone.

CREATIVITÀ

*Nella vita ordinaria troviamo segnali delIa vitale
connessione tra consapevolezza del Sé e creatività.*

I nostri momenti migliori non includono sempre
una consapevolezza elevata di noi stessi, di modo
che non siamo realmente persi nell'ispirazione,
nel fervore creativo o nell'amore,
ma piuttosto ci incontriamo di nuovo?

Al suo più alto livello, l'oggetto opaco
laggiù non punta inequivocabilmente
indietro verso il Soggetto trasparente qui?

Può persino succedere che
la trasparenza arrivi per prima:
siamo presenti, le nostre chiacchiere
assurde si calmano,
diventiamo consapevolmente nulla
se non questo Vuoto risvegliato,
in attesa—e nel momento presente
la melodia o l'immagine, la nozione chiave,
la giusta risposta che avevamo richiesto
nasce già pronta in quel Vuoto,
da quel Vuoto.

Se desideriamo scoprire che cosa significa
veramente creare il mondo,
dobbiamo semplicemente non desiderare
nulla e portare attenzione.

PROBLEMI

La vera funzione dei problemi è quella di
dirigervi verso la loro soluzione al Centro.

Avere dei problemi è molto utile.

Avere dei problemi piuttosto gravi mi
riporta indietro nel posto dove non ci sono
problemi. Perché Chi realmente,
realmente sono è libero dai problemi.
Io vivo a partire dall'area libera dai
problemi fuori nel mondo.

Parte del prezzo dell'essere coinvolto
nel mondo è avere delle sensazioni,
alcune delle quali sono piacevoli, altre sono
spiacevoli, altre ancora sono tragiche.

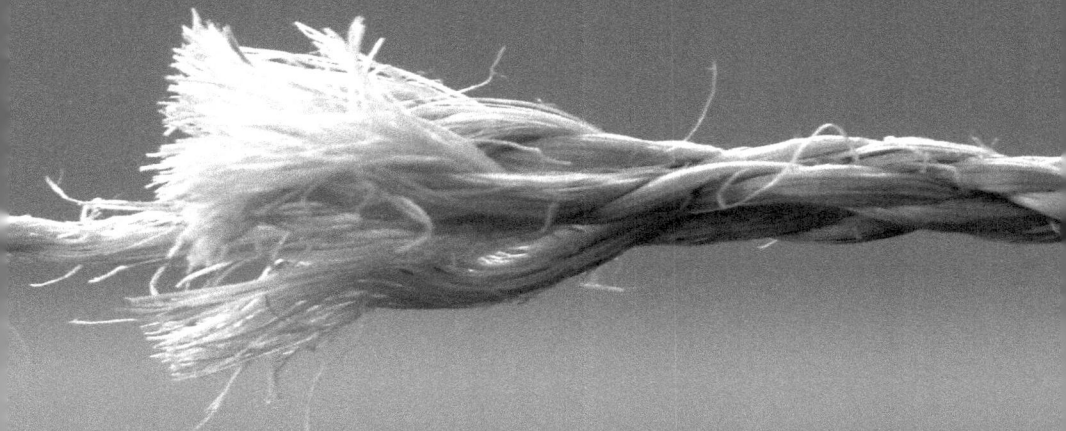

Non posso esistere, non posso esprimermi
completamente, *senza questo dualismo:*
il dualismo del buono e del cattivo del bello
e del brutto, del nero e del bianco, ecc. che è
l'inevitabile condizione per esprimerci
nel mondo partendo dal posto
che è libero da quelle dualità.

LIBERI
DAI PROBLEMI

Al centro della mia vita

c'è questa Consapevolezza

la cui vera natura trovo

che sia la libertà—libertà

non solo dalle cose ma

anche dai pensieri e

dalle sensazioni

di tutti i tipi.

Certamente dai problemi di

tutti i tipi. Come fonte di

quelle cose, l'origine di quelle

difficili cose, il suo compito

deve essere quello di

lasciarle sole, libere

di essere ciò che sono.

Chi realmente sono non cambia
di per sé ciò che a me piace chiamare
la mia natura umana. Quello che fa è
posizionarla. Questa cosa difficile e
talvolta straziante non viene rinnegata.
In effetti, viene molto più onestamente
stimata e accolta più allegramente dallo
stato di libertà al centro, molto di più
di quanto non lo fosse da parte di
quella persona illusoria.

Non si tratta di liberarsi di queste cose,
nel senso di abolirle, ma di liberarsi
da esse nel senso di collocarle
correttamente. Esse non sono
più centrali. Questa consapevolezza
non solo ci separa da esse—senza
eliminarle—ma a lungo
andare e quando si n___iste, le cambia

CAMBIAMENTO

Questo vedere è credere.

Nell'insieme non mistica (in senso popolare),

è un'esperienza precisa, totale, di tutto-o-niente,

che non ammette nessun livello intermedio.

Il sollievo è istantaneo e completo—finché dura.

Ma ora inizia il lavoro più impegnativo: dovete

continuare e andare avanti a vedere la vostra

Assenza/presenza ogni qualvolta e ovunque

possiatte farlo, finché il vedere non diventa

naturale (ripeto *naturale*) e ininterrotto.

Non si tratta nè di perdervi nella Vacuità nè in ciò

che la riempie, ma di vedere *simultaneamente*

la cosa che state guardando e la Non-cosa

dalla quale state guardando.

Non ci sarà una volta in cui troverete questa

attenzione nelle due direzioni fuori posto.

**Il prezzo della salute
mentale è l'attenzione.**

Che senso avrebbe *parlare di*
questo cambiamento di punto
di vista che trasforma il mondo
senza *fare* il cambiamento
e andare avanti per mantenerlo?

Come farlo?

Coltivate l'abitudine di
vedere che in effetti non è per niente
un cambiamento, ma semplicemente
essere laddove siete sempre stati,
al Centro del mondo.

NON-MENTE

Fondalmentalmente, il problema con la mia mente è la convinzione che ne ho una e che restituirla al magagazzino sia sufficiente, all'Universo espanso sia sufficiente per metterla a posto.

È veramente molto poco efficiente operare da una mente che è piena di cose che vanno storte e veramente così efficiente operare da una Non-mente che è vuota di tutte queste chiacchiere. Questo non è un dogma al quale credere ma un'ipotesi sperimentale da provare, tutto il giorno e tutti i giorni. Non è mai troppo tardi per avere una meravigliosa infanzia.
La vera maturità è questa seconda infanzia che chiamo ancora vigile idiozia.

La nostra mente si risveglia.
Idee, ispirazione, guida momento per momento, fluiscono senza ostacoli dalla loro Sorgente, che qui è sperimentata come l'assenza stessa di mente.

Ho veramente una mente aperta nella misura in cui quella mia mente, una volta lasciata andare, si allinea e si fonde con e irradia l'intera scena. Ecco che ritorna in sé.

Avere paura di quello che si pensa, avere una mente ristretta, essere sotto pressione, depressi, repressi—tutti questi disturbi della mente nascono da un suo malposizionamento e conseguente compressione. Una volta restituita al mondo, ritornata da dove è venuta, essa si espande e guarisce.

Nuovamente libera,
è infinitamente
espansa
e generosa.

Qual'è il cuore

e la sostanza dell'amore?

Siamo fatti per amare.

Siamo fatti per morire uno per l'altro,

per sparire in favore degli altri.

Finchè la perdita della nostra testa non
ci porta a scoprire il nostro cuore—un
cuore così tenero da essere ferito
mortalmente dalla terribile sofferenza
del mondo—continueremo a rimanere
ben lontani dall'obiettivo che è l'amore
che trasforma tutte le sofferenze.

In verità, uno dei piaceri imprevisti nella
vita della Prima Persona è quello di guardare
in modo imperturbabile le facce dei nostri
amici, senza alcuna sensazione o pensiero
particolare e semplicemente guardandole
per quello che sono sempre state—*cose da
guardare e mai cose dalle quali guardare fuori.*

Questo non è uno stato di mancanza d'amore, che vi reduce ad una sagoma di cartone. Piuttosto il contrario.

È il più grande gesto d'amore quello di rifiutarmi di separare la mia Consapevolezza dalla vostra e inoltre rimuove l'ultima barriera esistente tra noi. Liberati dalla superstizione che esista una pluralità di spiriti, alla fine siamo realmente uno.

Questo è l'amore perfetto che scaccia la paura.

AMORE

CREDENZA

Il costante presupposto di ogni crescita, la base della sua vita come uomo tra gli uomini (particolarmente consistente per non essere esaminato) è che al centro del suo universo giaccia una *cosa* solida, opaca, colorata, complicata, attiva, per la maggior parte invisibile al suo possessore ma comunque perfettamente reale.

Questa convinzione umana universale non richiede molte parole per essere chiaramente espressa. Non ne ha bisogno; è fin troppo evidente. È ovvia.

Ed è una menzogna! In realtà è la *menzogna.*

La gigantesca superstruttura della nostra vita crolla perché la maggior parte di essa è costruita sulle sabbie mobili—su sabbie mobili che non sono state esaminate, tra l'altro.

Per dirlo con parole semplici, il problema sono le affermazioni di base che voi ed io facciamo riguardo a noi stessi e al nostro stato nel mondo—e pertanto riguardo al mondo stesso.

Qualsiasi cosa io stia facendo partendo dall'illusione e dall'assurdità che c'è una cosa qui che la fa, è fatta nel peggiore dei modi.

Qualsiasi cosa io stia facendo a partire dal mio Spazio è fatta nel migliore dei modi.

VIVERE DALLA VERITÀ

Non c'è nessuna situazione nella nostra vita lavorativa o nel tempo libero in cui vivere dalla verità sia inappropriato o inefficiente. La verità, così facile da vedere, è così difficile da continuare costantemente a vedere. Ma la vita senza di essa è meno difficile? La vita vissuta da una bugia a più facce è una prospettiva concreta?

Non è mai pratico o salutare vivere da un qualsiasi tipo di bugia, ma quando quella bugia riguarda la nostra Natura essenziale—fate attenzione!

O piuttosto, guardate dentro!

Portate la vostra attenzione, come se fosse la prima volta, all'unico Punto nel mondo che solo voi siete nella posizione di ispezionare, al Punto del quale solo voi potete avere informazioni all'interno e testimoniare la sua immediata esplosione a dimensioni cosmiche.

VIVERE DALLO SPAZIO

Fate ciò che volete di me, io vivrò da
quello che vedo qui, non da ciò che
voi dite che c'è qui. Lo dirò al mondo
e me ne assumerò le conseguenze.
Contemporaneamente, vi guiro che
vivere da questa realà è vivere veramente,
cioè vivere Divinamente.

L'unica verità, primaria e salvatrice,
è che noi tutti stiamo vivendo dal nostro
Spazio e non dalla nostra faccia, stiamo
tutti facendolo correttamente, ci siamo
tutti solidamente ed eternamente
stabiliti nella nostra Vera Natura.

Non esserci per niente è essere l'Essere.

In questo senso siamo tutti risvegliati.

Alla fin fine non c'è nessun'altra

esperienza se non questa

Esperienza. Solamente

la nostra Natura Vuota

è consapevole.

ENERGIA

Abbiamo talmente
isolato l'umano dal
cosmico che quando alla
fine si uniscono, l'effetto
potrebbe risultare
piuttosto sconvolgente,
mentre l'energia repressa
viene scaricata in
un'illuminazione lampo
che rivela una bellezza
insospettata.

Vedere chi sono io è un'esperienza
stranamente fisica.

È simile a un'energia, è come
un potenziamento, una tonicità fisica,
un sollevamento, un radicamento, coraggio,
un espandersi nel mondo. È rivitalizzante.

RISULTATO

La visione iniziale dentro la nostra Natura è molto
semplice: una volta percepita, Niente è così ovvio!
Ma risulta funzionale solo nel momento in cui si
mette in pratica. I risultati—libertà da avidità, odio,
paura e illusioni—sono assicurati solo nel momento in
cui Colui al quale appartengono non viene trascurato.

L'assenza deve essere accettata come assenza,
non come la presenza di una miniera d'oro ben
nascosta. L'oro appare, d'accordo, ma quando
non viene cercato, con i suoi tempi
e imprevedibile forma.

Sarebbe difficile sopravvalutare l'importanza pratica
di questa scoperta, le sue conseguenze
nella vita di tutti i giorni.

Tutte le alienazioni, tutte le separazioni, le molteplici
minacce delle cose, delle persone e delle situazioni
ostili—tutto questo non è più che un brutto sogno.

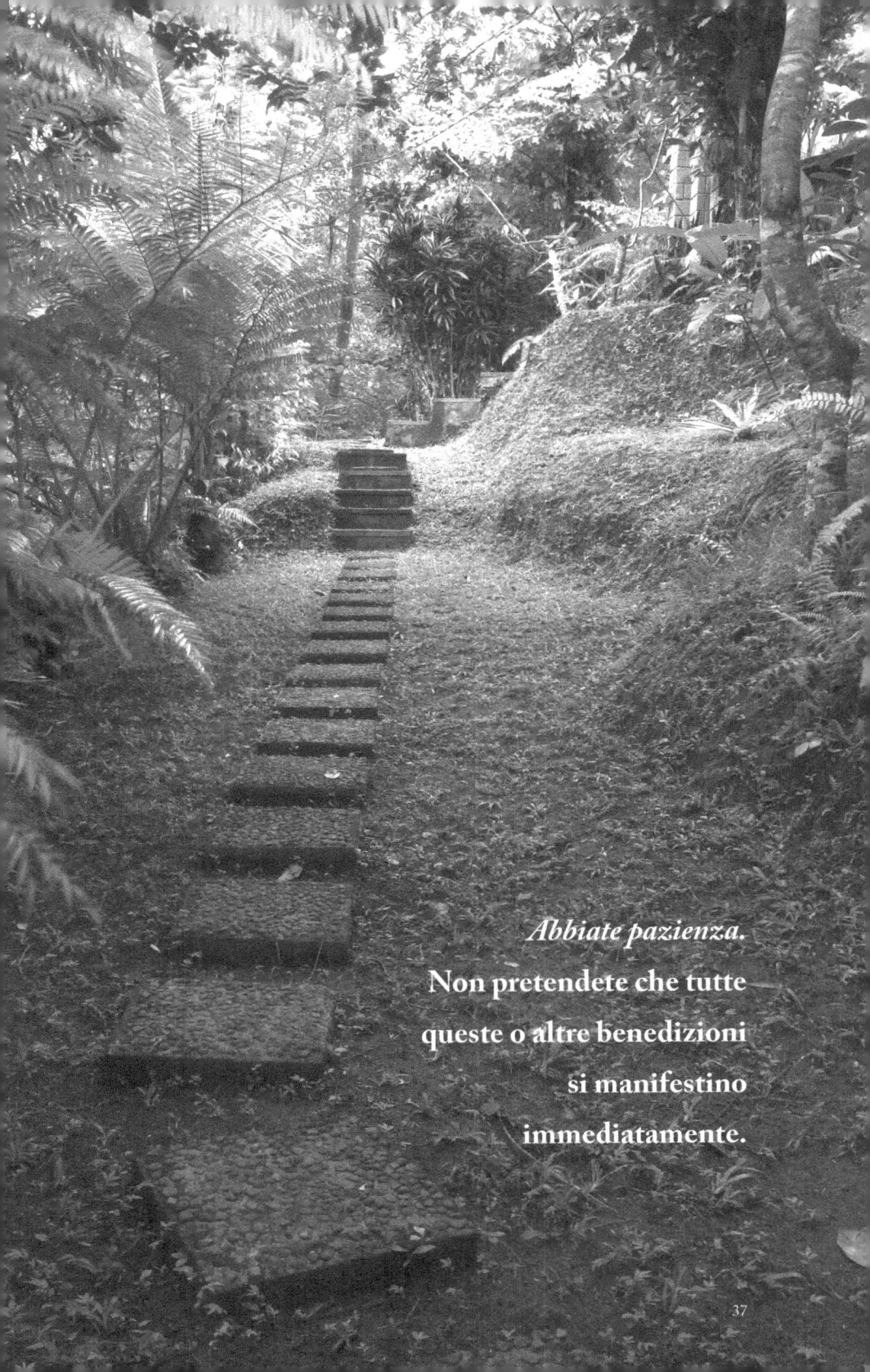

Abbiate pazienza.
Non pretendete che tutte
queste o altre benedizioni
si manifestino
immediatamente.

SÌ!

Non voglio dire che dovete stringere i denti, fare un sorriso spettrale e dire di SÌ! a tutto quello che vi accade, non importa cosa, come un dovere e una disciplina.

Ciò potrebbe portare a un auto-inganno e a una repressione dolorosa delle vostre emozioni—a nascondere la vostra personale immondizia e quella del mondo sotto un tappeto che non esiste.

No:

Guardate le cose per quello che sono,
esattamente così come sono date nella
vostra Vacuità—in questa Apertura che
non manifesta nessuna preferenza, nessuna
resistenza o risentimento, nessun elenco di
cose buone e cattive, nessuna categoria di
bello e brutto, accettabile e inaccettabile.

E guardate ciò che succede nel portare
l'attenzione a come già siete.

Guardate come siete perfettamente adatti per
questo tipo di lavoro del desiderare ciò che
c'è. Guardate quanto è appropriato e naturale
per voi. E semplicemtente permettete (senza
forzare) alla gioia e alla pace che vengono dal
non aver nulla da lamentarvi, di emergere.
Offrite una mezza oppurtunità, sicuramente
accadrà, forse prima di quanto potete
immaginare.

L'IMMENSITÀ
DELLA MENTE

La mia mente, con tutti i suoi pensieri ed emozioni, è centrifuga. Quando smette di essere un piccolo possedimento, locale, privato, personale, separato dall'universo laggiù e chiusa in una scatola detta cervello qui (come se fosse possibile!) la mia mente è immemsa, tutt'uno con l'universo, è volata in alto fino al cielo.

Il mondo, visto in questo modo, è lo stesso vecchio mondo, ma al contempo totalmente diverso.

Esso è riempito da una mente e da un significato che io non separo più da esso. È *tutto là*, perché io non reclamo niente di esso per me. È sano. Ha un senso. È amato.

Finalmente sono libero di godere delle persone

e del mondo proprio mentre si manifestano,

provenienti da questa loro Vuota Sorgente.

RISVEGLIO

Che cos'è il Risveglio, l'Illuminazione, la Reaalizzazzione?
Risveglio da cosa? Illuminazione rispetto a cosa?
Realizzazione di che cosa?

È svegliarsi da tutti i nostri sogni, immaginazioni e
preconcetti, illuminarsi rispetto ai dati di fatto,
realizzare ciò che voi chiaramente siete in base alla
vostra esperienza di prima mano proprio ora. Alla fin
fine è essere perfettamente onesti con voi stessi riguardo
a voi stessi. È avere il coraggio e la sfrontatezza, persino
l'idiozia, di seguire quello che vedete, invece di seguire
quello che vi viene detto. È mettere in discussione tutte
le abitudini mentali e le affermazioni convenzionali,
anche se rispecchiano il buon senso o se sono santificate.
È un'apertura totale della mente, trasparenza,
semplicità, e un non prendere niente per garantito.

In una parola, è una *scoperta*.

Quello che dobbiamo scoprire è la nostra propria natura. Chi siamo? Solo voi siete nella posizione per scoprirlo perché tutti gli altri sono da un'altra parte, fuori centro. Solamente voi potete investigare che cosa significa essere voi.

Per nessuno di noi, nemmeno per il più "spirituale", esiste una liberazione semplicemente umana o personale che lasci fuori il mondo naturale. Non esiste nessun'altra cosa come la vera illuminazione che illumini ogni creatura presente sulla Terra e nei cieli, per quanto grottesca, remota o indesiderabile. Come potremmo iniziare a separare noi stessi da qualsiasi parte dell'Uno nel quale viviamo, ci muoviamo e teniamo il nostro proprio essere?

L'illuminazione è cosmica o è un'iullusione.

L'IMMOBILE
MOTORE

L'arte di manovrare
questi inesorabili
accadimenti è l'arte di
appoggiarci su ciò che sta
alla base di essi…

… l'arte e la scienza di essere
consapevolmente la base che
sostiene tutto quel trambusto senza
essere di per se stessi minimamente
disturbati.

Qui voi siete la base del mondo, dove tutto inizia e dove tutto finisce. Eternamente uno e lo stesso, siete l'Immobile Motore.

Il grande ostacolo è l'auto-soddisfazione, l'assenza di desiderio. Quanto perde quell'uomo che non è mai portato a cercare che cos'altro è, dato che si sente così bene come essere umano! Egli non può guadagnare nemmeno questo mondo se perde la sua anima che appartiene a tutti i mondi.

È la peggiore eccentricità quella di essere talmente ben bilanciati da non preoccuparsi mai di andare nella direzione del Tutto.

AIUTARE
IL MONDO

Quando vedete la verità, lo state
facendo sia per gli altri che per voi,
perché Chi lo sta facendo non è un
individuo. Chi lo sta facendo è l'Uno
che è la storia interiore di tutti questi
partecipanti presenti sulla faccia della
Terra.

La nostra illuminazione non può fare altro che
riversarsi su tutti gli esseri, per la semplice ragione
che noi *siamo* loro.

Se io, in questo momento, sto soffrendo di
questo problema di confronto relazionale
con voi, che utilità ci sarebbe nell'affrontare
lo stesso problema di confronto ad altri
livelli—nazionale e internazionale—
confronto tra sessi, gruppi etnici, religioni,
ideologie, blocchi di potere, e così via? In
altre parole, il mettersi al servizio del mondo
inizia a casa, perché quando scoprirete Chi
siete, scoprirete che siete il mondo.

◻

Quando mi identifico con quell tipo nello
specchio, lui gira le spalle al mondo. Dice,
"Ne ho già abbasstanza dei miei pronblemi.
Stai fuori." L'Uno che realmente siete non
gira mai le spalle al mondo. Lo abbraccia.
Questo non perché siete speciali; siete
sempre stati così.

Che cos'è esattamente (mi chiedo) questo Lui
così scioccante, questa Lei senza vergogna, questo
esso senza nessuna censura? La sua essenza è
Consapevolezza, l'Unica Luce della Coscienza che
illumina il mondo e ogni creatura nella quale esso si
manifesta. Io colloco questa Luce proprio dove sono
io, a piombo nel Centro di questo mondo così come lo
trovo, più vicina del vicino, nel cuore del mio cuore.

> *Qui non c'è nessuna scintilla di quel Fuoco,*
> *ma l'ardente Fornace stessa.*

Guardatevi intorno per un milione di anni, frugate
nell'universo, esaminate ogni cosa con qualsiasi
strumento, e non troverete da nessuna parte e in nessun
momento neanche un barlume di consapevolezza,
un volere che non sia un vostro volere, una minima
prova della presenza di un altro IO SONO.

Non troverete mai nulla e nessuno che assomigli
vagamente a questo vostro essere-Sé. Esso è
assolutamente unico, ineguagliabile, indescrivibile.

L'interezza di Dio è proprio qui dove
voi siete ora, e da nessun'altra parte.
IO SONO è uno. Non c'è nessun
secondo IO SONO che occupi
la vostra luce, che possa fare
la minima opposizione.

CENTRO DEL CUORE

Tutto è secondo
il vostro
desiderio,
perché voi siete
Quello che è.

GLORIA

Non dovete credere a quello che vi sto per dire
ma dovete sperimentarlo, e cioè: che tutte le
cose, non ha importanza quali, quando vengono
consapevolmente osservate a partire dalla loro
Origine, sono immerse nel suo profumo
e illuminate dal suo splendore.

Là c'è sempre gloria.
Per trovarla, state Dove essa nasce.

Non c'è modo per potervi scrollare di dosso
il vostro mistero e la vostra grandezza. Per voi
non c'è modo di poter evitare di essere—alla
fine del giorno che non ha nè un inizio nè una
fine—il Migliore e il Più Grande, l'Uno e il Solo.

Quanto è più difficile sostenere
il nostro splendore rispetto
alle nostre miserie!

IL SOLO

Realizzare la propria vera natura è realizzzare
che quell'uno è l'unico Uno esistente.

Questa è una paradossale combinazione di
venerazione, ammirazione, meraviglia per l'Uno,
mentre al contempo realizziamo che tutto questo è
l'esperienza dell'Uno fatta dall'Uno.

La nostra propria consapevolezza del Sé
non è nient'altro che la consapevolezza
stessa del Sé di Dio.

◻

L'unico reale rimedio per la vostra solitudine
è la vostra Solutudine. E questa Soitudine è
il top dell'intera esperienza. E questa esperienza
è il top, la corona di tutte le esperienze,
la gemma più brillante di quella corona.

Ne esiste solo uno, l'Unico, e esiste solo un posto
dove possiamo trovare l'Uno:

Mai negli altri,
mai là fuori,
ma solamente *qui*,
dove la consapevolezza
è data.

La consapevolezza
è data in un unico
posto—tutto è dato qui,
e tutto è dato ora.

REALE

Questo Vuoto non è pura vacuità; non è pura assenza; è Consapevolezza del Sé.

È la Consapevolezza stessa del Sé e questo la rende totalmente differente da un vuoto che è semplicemente un'inconscia assenza. In secondo luogo, è piena zeppa, piena di tutto ciò che sta accadendo. In terzo luogo, dice a se stessa, "Questo è reale. Io sono questo. IO SONO." Ha la sua propria giustificazione interiore.

Si auto-convalida dentro di sé e, quando viene
sperimentata, non può essere messa in dubbio.
Dopo tutto, è ciò di cui posso essere più sicuro,
perché io sono quello. Tutto il resto è puro
sentito dire, è fuori centro, remoto, modificabile,
un prodotto dell'ignoranza. Questa Trasparenza
la conosco perché io sono questo. Qui e solo
da qui ottengo delle informazioni interiori.
Tutto il resto sono conoscenze esterne.

> **Per tutte queste buone ragioni
> io dico che essa è reale e tutto
> il resto, messo a confronto,
> è irreale.**

*Cerchiamo invano delle etichette,
valide etichette da attaccare a questa
Non-esistenza che è infinitamente più
reale dei suoi prodotti, di qualsiasi
altra cosa esistente.*

POTERE

Come Divinità stessa, come lo Spazio per ogni
cosa e la Fonte di ogni cosa, siete responsabili
di tutto. Non c'è nessun secondo Potere. Chi
relamente, realmente siete ha fatto tutto, sta
facendo tutto. Ma notate se questo Spazio
che voi siete sta forzando i suoi contenuti.
Voi che state assistendo alla scena, avete
la sensazione di averla pianificata,
di averla nel complesso concepita
e confezionata, di averla provocata
e che la state mantenendo? Sta a voi,
che ne siete responsabili, dirlo.

Non è piuttosto che ogni cosa fluisce
spontaneamente, senza motivo o senza averla
pensata, dal vostro Essere, un continuo
sottoprodotto di Chi siete?

*Anche la lista delle cose
che non potete fare è infinita.*

Al contempo, siete
onnipotenti, nel
senso che, accettando
la coesistenza e il
contrasto degli opposti
come prezzo (un prezzo
veramente alto, ma non
proibitivo) per disporre di
un cosmo, dite un enorme
SÌ! a tutto questo—SÌ
assolutamente a tutto
e nonostante tutto, SÌ
perché questo (in tutti i
suoi stupefacenti, orribili e
amabili dettagli) è ciò che
voi *siete*, e SÌ perché voi
desiderate essere ciò che siete.

VOI

Quando iniziate a vivere la vita eroica—cioè
a vivere a partire dalla vostra vera Natura—
la vostra natura periferica ne trarrà di
conseguenza beneficio.

Voi

siete

tutto.

Non potete sapere in anticipo come o quando,
ma potete contare su Voi Stessi, il supereroe
umano, per dare a voi stessi, il non eroe umano,
una mano e quando è necessario una spinta.

Come potreste avere paura di voi
stessi? Come potreste disprezzarvi,
provare risentimento, annoiavi di
voi stessi?

Come potreste non amarvi?

AUTO-ORIGINE

Non vi stupisce e non vi affascina la miracolosa (no, impossibile!) ondata dell'Uno che crea se stesso dal caos primordiale e dalla notte buia, senza alcun aiuto o ragione—che issa Se Stesso con tutte le sue forze inesistenti?

Se è così, posso assicurarvi che siete voi
come Lui, e certamente non voi come Jane
o Henry o chicchessia, che si stupisce, che
è pieno di ammirazione, che salta
di gioia dentro la vera Gioia che
è nata da quel Miracolo
veramente speciale
ed eterno.

L'"impossibile" Miracolo dell'Auto-creazione,
dopo il quale la creazione di miliardi di
universi, che funzionano perfettamente
bene, non è niente di speciale,
una questione di routine.

Nel Regno Dei Cieli Voi Siete Molto Più Efficienti.

Qui, voi venite per riconoscere e cedere sempre di più il passo allo spiccato senso pratico, alla sorprendente conoscenza della vera Sorgente delle cose. Chi voi siete è sempre più facilitato e non ostacolato ad occuparsi di quello che siete. La tecnica è molto semplice e molto precisa—e assolutamente non automatica. Essa è la seguente: di qualsiasi cosa vi occupiate là, vi occupate anche di Chi se ne occupa per cui il vostro sguardo è almeno equivalente sia dentro che fuori. Vedete voi stessi come Spazio per tutto ciò—per quelle mani o piedi che stanno facendo le loro cose, per quell'abile bisturi, o spazzola o arco o scalpello o penna, animati da un vero Maestro.

In sempre minori circostanze vi capiterà di non notare l'Adetto al Vedere, finché alla fine sarà impossibile non farlo. E gradualmente si instaurerà in voi la convinzione che questo sia il vero e medesimo Uno che possiede l'ultima conoscenza, 'l'impossibile' capacità di essere la sua propria Origine e il suo proprio Inventore, che state vedendo la sua stessa incessante nascita, non dovuta a ragione alcuna e senza bisogno di nessun aiuto.

CONOSCENZA

Affidandosi consapevolmente a questo Esperto
significa (e non è una sorpresa) assicurarsi che
qualsiasi cosa venga fatta, dal più umile lavoretto
all'opera artistica più sublime, sia fatta nel migliore
dei modi—senza alcuna difficoltà, più rapidamente
e agevolmente di quanto non accadrebbe se fosse
una semplice
persona ad avere
la sensazione di
farlo.

**Provate
e lo
vedrete
voi
stessi.**

UMILTÀ

Ora, forse, potete pensare che quello che
stiamo dicendo è blasfemo, che è pura arroganza
sostenere che il posto dove siete non è altro che
il mistero e la maestà al di là dell'universo.

La vera arroganza accade quando io dico
che sto gestendo un negozietto all'angolo
dell'Essere Qui, qualcosa a parte e indipendente
o quasi indipendente da Dio, il quale gestisce
un ipermercato dell'Essere. La vera umiltà
sostiene che il mio essere è quell'Essere.

La reale umiltà è vedere in che cosa
e dentro chi dimora il mio essere.

Contemporaneamente, questa Realtà è in
un certo senso totalmente altro rispetto a me.
Il che significa che essa è totalmente misteriosa,
adorabile, sconosciuta e straordinaria, il grande
Uno che si auto-origina e da cui tutto proviene.

Qui noi affondiamo tutte le nostre
differenze—o piuttosto, *noi* affondiamo
e lasciamo galleggiare tutte le nostre
differenze. Ogni azione è un
impedimento alla conquista,
dove per impedimento si
intende totale abbattimento.

Mentre l'Esperienza della nostra Natura viene
servita (è ciò che la rende tale) completa, in
un'unica infinitamente genesora soluzione,
il suo significato è per la maggior parte
celato. Normalmente viene data in
piccole quantità, altre volte riversata
più generosmente, ma mai fornita
nella sua interezza. Non viene detta
mai l'ultima parola riguardo a Questo, non
viene mai concepita l'ultima, omnicomprensiva
idea, non viene mai scandagliata la senzazione
più profonda.

SIGNIFICATO

A dire il vero, la nostra Sorgente non ha
assolutamente nessun significato. Di per Se
Stessa è infinitamente al di là di tutte
queste cose limitate e limitanti,
in quanto non si può dire
o pensare o sentire
nulla *al riguardo*. Lei
è Lei.

La Sorgente di tutti i significati è di per
Se Stessa molto al di là e assolutamente
libera da tutto ciò che proviene da lei.
E voi siete Quello.

LIBERTÀ

La libertà è libera.

Quando io sono consapevolmente libero—non

più una cosa tra le cose, una consapevolezza

tra le consapevolezze—mi sono Liberato,

e il mondo, malgrado tutto, va bene

perché tutto ciò che è lui

sono io.

Descritto in termini negativi, è il mio modo per

uscire dai più ristretti confini, la mia via di

scampo dalla più sicura delle prigioni.

Descritto in termini positivi, è il mio modo per

accedere all'assoluta Libertà che sono io.

SCOPO

Qual'è lo scopo della vita?

Come lo vedo io, e come lo hanno visto i grandi mistici di tutte le religioni, lo scopo della vita è semplicemente uno: la consapevole unione con la nostra Sorgente.

Come dice Meister Eckhart,
"Dio è dentro, io sono fuori."
Egli aggiunge,
"Indossate le vostre scarpe
da salto e saltate dentro Dio."

Saltate dalla vostra apparenza alla vostra Realtà. È compito nostro saltare nel posto che non abbiamo mai lasciato.

GUARIGIONE

In parole povere,
i miei problemi psicologici
si riducono tutti alla
questione della mia
identità.

Essi si risolvono solamente prestando attenzione all'Uno qui, a questa Prima Persona che si suppone li abbia. Ecco la sola profonda analisi, l'unica terapia che va fino alla Radice della questione, l'unica cura durevole per il mio disturbo. Benché i risultati possano forse essere lenti a manifestarsi (e inoltre più manifesti agli altri che a me), questo metodo di guarigione è economico, completo, infallibile, sperimentato positivamente da migliaia di anni, immediatemente disponibile e (benché in un certo senso il prezzo che dobbiamo pagare è la Terra) praticamente *gratuito*.

Siamo tutti più o meno malati finché non troviamo,
tramite l'Auto-indagine,
il nostro essere Uno con tutti gli altri.

Solamente Dio, il nostro Tutto, è il completamento, il rimedio che cura i frammenti che noi siamo. Lui è ciò che vogliamo e noi non siamo noi stessi senza di Lui. Siamo persi fniché non ci perdiamo in Lui.

LINEA
DI FONDO

Al di sopra della nostra Linea di Fondo
incontriamo il posto della Non-scelta.

Laggiù, ognicosa è intrappolata in una
fitta ragnatela di condizionamenti
reciproci e la libertà è un sogno. La
Linea di Fondo stessa è il posto della
Scelta. Ecco l'unico posto dove la
libertà è reale, visto che non c'è
nulla da legare e che possa essere
legato.

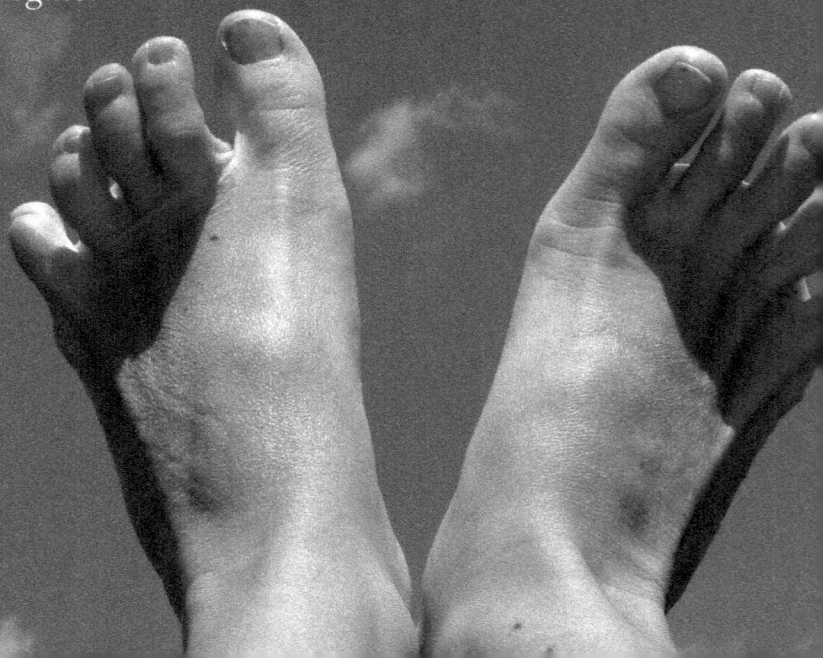

La nostra libertà non consiste
nel negare tutto quello che ci determina
e che riafferma il nostro volere personale.
Al contrario, il suo vero fondamento sta
nella nostra volontà di accettare qualsiasi
necessità, di modo che essa cessi di essere
puramente esterna.

Siamo liberi nella misura in
cui uniamo il nostro volere
a quello di Dio.

Possiamo scegliere
tra la Sua libertà
o la nostra schiavitù.

Quando la smetto con la mia dannata presunzione, vengo a conoscenza di che cosa signifihi essere me, ho il coraggio di iniziare di nuovo e di *inchinarmi di fronte all'evidenza*—sia materialmente che metaforicamente.

Mi piego e mi inchino così profondamente che raggiungo il mio vero limite e quello del mio mondo, la *Linea di Fondo* dalla quale tutto nasce—una frontiera che non mi impedisce di guardare oltre la stessa e dentro la Fonte infinita di Tutto, splendidamente in mostra e al contempo incredibilmente misteriosa.

Non si tratta di una situazione del tipo *io sono questo o quello o quell'altro*, ma del semplice IO SONO—e, dietro l'IO SONO, l'IO NON SONO dal quale nasce senza ragione o limitazione alcuna.

MISTERO

*La linea di fondo è quella per la quale io conosco me
stesso come l'inconoscibile. Le mie radici sono inserite
in un totale mistero, inconoscibilità, ineffabilità,
inconsapevolezza.*

Qui, completando la mia sottomissione
all'evidenza, raggiungo il punto più trascurato
e sottovalutato al mondo, il posto che viene
sostitutito con un Non-posto, il Terminal di
tutti i terminal, unico, sconcertante, il
Mistero che vale molto di più della
mia più umile obbedienza.

RISCOPERTA

La scoperta
che io vado
assolutamente bene così
come sono—come IO SONO—
deve essere attualizzata attraverso la
sua paziente riscoperta, e riscoperta,
e riscoperta, finché tutte le tracce di
artifizio e di sforzo, tutto il senso di
realizzazione, sono svaniti.

Finché non diventa un modo
di vivere ordinario, giorno
per giorno, ciò che in effetti è
sempre stato: il nostro
stato naturale.

Disincarnarvi quando tutto sta andando bene è
una buona pratica che ci aiuta a creare un'abitudine
salutare. Ma disincarnarvi quando tutto va male
è ancora meglio. Poi l'atto di tornare nella vostra
casa interiore lascia un segno ancora più
profondo ed è molto meno probabile che
in futuro la vita vi sorprenda fuori
casa o addormentati.

Mentre vedere voi stessi in modo intermittente
come pura Capacità è la cosa più facile che
possiamo immaginare, il mantenere la visione
è ben lungi dall'essere facile. Quale sfida può
essere messa a paragone con questa unica grande
avventura che non si completa mai, benché
sia sempre completa perché voi potete godere
dell'aver raggiunto la meta sin dal primissimo
passo lungo il cammino?

TOTALITÀ

Questa immensa e auto-consapevole
vacuità che trovo qui non è solo vuota.

È vuota-da-riempire.

In definitiva, niente e nessuno viene
lasciato fuori. In effetti non mi sento
bene, non sono del tutto sano di mente,
"non del tutto lì",
non sono totale
finché non sono
la Totalità.

Per dirla in un altro modo:

L'Universo è totale se lo divido in un
osservatore qui e un osservato là, in
una parte-me e in una parte non-me?

Per godere dell'Universo come
un *Universo*, e non soffrire più
a causa del suo essere un *Duoverso*,
non devo essere nessuna delle sue
parti al centro e tutte le sue parti
alla periferia.

**Esse sono i due lati
della medaglia.**

La dottrina di base della Filosofia Perenne è
che voi ed io siamo Dio stesso che viaggia in
incognito. L'uno che tutti noi realmente siamo
è l'uno al di là di tutte le cose—chiamatelo Dio,
natura del Buddha, Atman-Brahman,
quello che vi pare.

Ciò che facciamo è semplicemente connetterci
con e celebrare e vivere da questa saggezza
perenne, che troviamo nel cuore di tutte
le grandi religioni. Eccola là—non
riconosciuta, trascurata, disprezzata,
negata–ma eccola là.

Al centro delle Grandi tradizioni religiose—velata,
trascurata, molto spesso veementemente
rinnegata da esperti di religione, e nonostante
ciò, fittone dal quale queste tradizioni provengono
e sono sostenute—c'è una realizzazione
chiara, semplice, favolosa, bellissima.
E' una proclamazione che riguarda voi.

FISOLOSIA PERENNE

Non siete una semplice scintilla di quel Fuoco Eterno. Non un semplice raggio dell'Unica Luce che illumina ogni uomo, donna e bambino che entrano nel mondo.

Voi siete tutto di quel Tutto, che è assolutamente indivisibile.

VERA SPIRITUALITÀ

Finché non colloco con certezza la mia umanità nel suo posto appropriato, là fuori tra quegli altri esseri umani, finché non la tengo là fuori nelle mie mani nude, c'è sempre il pericolo che si insinui qui strisciando e infetti il mio Centro Divino, continuando a ridurlo a un'orrenda—in realtà proprio diabolica—illusione di grandezza.

Ciò che trovo realmente difficile e inaccettabile,
è l'insulsa dipendenza dalle parole, dai concetti,
di così tanta presunta spiritualità. La vera
spiritualità è reale, con i piedi per terra,
concreta—è tornare a casa dalla vostra
apparenza alla vostra realtà.

◼

Come disse il Buddha, non è andando che
raggiungerete quel posto dove c'è
la fine della sofferenza.
Lo raggiungerete tornando.
Siamo così bravi quando guardiamo da *quel* lato
e così pessimi quando guardiamo da *questo* lato.

Nirvana è la spiaggia che è bagnata dall'oceano
di *Samsara*, il loro punto di incontro; e la
Saggezza è la contemplazione di quella spiaggia
assolutamente nuda e vuota. Liberarsi dalla
sofferenza è prendere come base della propria
esistenza quella ineffabile ma cospicua marea
e da essa nascere consapevolmente.

RICONOSCENZA

Non è un miracolo che sta
accadendo da qualche altra parte.
Sta accadendo proprio Qui,
proprio Qui.

Voi siete un mago che fa uscire
se stesso da questo cappello del
Non-Essere, e non avete la minima
idea di come lo state facendo.

Mi metto dal lato di quello
che non riesco a capire.

Sono grato
per il miracolo di Essere.

In ultima istanza siamo grati e sbalorditi
del fatto che non esista semplicemente nulla,
una notte buia di non-esistenza.

SAPERE

Non so quello che penso finché non
sento quello che dico—finché non
sento le parole che provengono
dalla mia Non-bocca.

Ci vuole una vita di studi per persuaderci che non sappiamo nulla, che non esiste nulla di cui possiamo parlare con conoscenza.

I mistici confermano e arrivano a questa conclusione, asserendo che la più alta conoscenza che possiamo avere di un oggetto è sapere che è assolutamente incomprensibile.

Il primo passo verso una spiegazione è rendere ciò che è misterioso comune; ma poi si prosegue rendendo ciò che è comune misterioso; e il lavoro non è finito fino a quando continuiamo a credere di sapere qualcosa, qualunque essa sia.

Solamente diventando coscienti della nostra totale ignoranza la possiamo superare.

Siamo faccia-a-faccia, in una relazione simmetrica, un oggetto di fronte a un altro oggetto, ognuno che chiude fuori l'altro? Proprio il contrario. Qui dove io sono non c'è nessuna faccia, nemmeno un granello che vi tenga lontani, per opporre resistenza alla vostra invasione. Che mi piaccia o meno, sono così spalancato nei vostri confronti che la vostra faccia è la mia e io non ne ho nessun'altra.

INTIMITÀ

Si tratta di un'intimità che è il paradigma
di tutte le intimità, infinitamente
profonda e totale, e immensamente
soddisfacente—una volta che ho
l'umiltà e il coraggio di notarla. La
consapevolezza è cruciale. Io sono
totalmete consapevole del modo perfetto
in cui voi mi date la vostra faccia, del
modo perfetto in cui io la ricevo.

◻

La differenza pratica che questa scoperta
produce rispetto alle nostre relazioni è
immensa e cumulativa. Infatti, quello che
succede è che voi non vi *relazionate* in
ogni caso con nessuno: voi *siete*
quella persona.

SCIENZA

La spiritualità che nega le
scoperte universalmente
accettate della scienza
moderna a tutti i livelli,
o si rifiuta di assumerle e
adottarle di buon grado, è una
parodia patetica e moribonda
della spiritualità.

Al contrario, la spiritualità
che trova in queste scoperte
una rivelazione ricca, preziosa
e persino divina del nostro
tempo e adatta al nostro
tempo e esattamente ciò di
cui c'è bisogno per trattare
la nostra lamentevole
condizione, è viva e vegeta.

Pur accettando il fatto che la nostra scienza moderna
è valida e persino indispensabile, io sostengo che
l'antica saggezza va molto più lontano, che in realtà
è molto più scientifiaca e molto più assennata di
quanto potrebbe esserlo la scienza, perché, per come
la conosciamo, in realtà, è il suo complementeo
sia in pratica che in teoria.

In altre parole, io affermo che la scienza oggettiva
occidentale è solo metà della scienza reale (essendo
l'altra metà rappresentata dalla scienza Soggettiva
della Prima Persona) e che i nostri problemi sono
dovuti al fatto che noi crediamo che sia
l'unica esistente.

Non c'è nessun
fato, fattori o forze
al di fuori della
Prima Persona
che io sono, che
agiscano contro di
me. Anche le cose
"peggiori" che mi
possono succedere
corrispondono in
realtà alla mia
profonda
intenzione come
Prima Persona.

FORZE

Per cui dite di SÌ! alla vita,

e questa è la vera terapia.

PAURA

È sempre l'*altro* che temo, che odio, che invidio che penso di distruggere. Dimostratemi che c'è un livello nel quale io sono voi, e voi siete me—e tutti gli aspetti della nostra reciproca alienazione sono finiti.

Qui, io godo della vostra faccia che diventa mia. Qui, io *ho* voi come oggetto e *sono* voi come soggetto, e quindi accolgo sia la vostra apparenza che la vostra realtà. Che cosa può esserci di più intimo di questa doppia intimità?

Come potrei avere paura di voi che siete me?

Non c'è da meravigliarsi che l'Esperienza essenziale venga scartata con così tanta arroganza, che sia accolta così male e con così tanta mancanza di fiducia. Sotto la superficie siamo tutti terrificati dalla nostra Vacuità. Finché i suoi benefici e la sua fertilità, inesauribili e tali da toglierci il respiro, non iniziano a prendere forma essa deve apparire non solo come priva di significato ma da suicidio, pura alienazione.

Tuttavia non è una cosa brutta di cui avere paura, poiché essa sta a significare che ci stiamo incamminando verso l'unico rifugio contro qualsiasi pericolo, tensione e paura—verso questa incomparabile Sicurezza, verso il Posto o Non-posto dove siamo sempre stati finora.

PERDERE TUTTO

Le mie ruote grandi quanto il mondo non
possono nè esistere nè girare senza questo
mozzo immobile; il mio corpo grande quanto
il mondo non ha nessun organo che sia vitale
la metà di questa profondità del cuore. Qui
la chiave, la serratura e la porta sono uno—la
vacuità centrale che è la chiave del Regno, la
serratura che conduce al Paese delle Meraviglie,
la cruna che è il cancello del Paradiso.

GUADAGNARE TUTTO

Attraverso questo Punto di ingresso io sono in tutto il mondo e tutto il mondo è in me. E se, essendo entrato, sono in grado di fare molte cose, è perché capacità significa spazio; se sono una specie di canna pensante è perché, come una canna, io manco di nucleo centrale. *Cogito ergo NON sum*. E il buon senso, che cerca sempre di recuperare qualche misero oggetto per me, infrange solamente le condizioni di quella polizza assicurativa universale per la quale, a quelli che perdono tutto, viene data una compensazione illimitata.

La vostra vera Natura è il Paradosso che si prende cura di tutti i paradossi: Non c'è nulla che non sia voi e nulla che sia voi; lo Spazio Consapevole è e non è il suo contenuto, a voi importa tutto e non vi importa niente; voi controllate le cose ed esse semplicemente accadono.

PARADOSSO

Questo può sembrare stupido, ma in effetti è
la perfezione della saggezza. E funziona.

La vita spirituale è tutta un paradosso. È l'unione
degli opposti. È mangiare la vostra torta di ciliege e
averla ancora nel piatto.

Essa ci trova lungo la via di Casa e per tutto
il cammino, seduti, con i piedi in alto,
vicini al fuoco dell'amore di Dio.

La strana cosa riguardante la sofferenza è che accettandola ci passate attraverso e raggiungete la pace sottostante che va al di là di ogni comprensione. Alcune persone sembrano suggerire che quando vedete Chi siete, non c'è più sofferenza.

È esattamente
il contrario.
In un certo modo,
l'esatto opposto.

Ve la prendete a carico
totalmente.

Accettate il dolore della creazione, non solamente la sofferenza umana ma l'intera tragica storia del mondo e la sofferenza delle altre creature—non perché siete dei santi o delle brave persone. Voi non avete opinioni. Questo è il modo in cui siete fatti, e questo è il cammino da seguire.

SOFFERENZA

Non sto dicendo, ricordatevelo, che
una vita vissuta consapevolmente
a partire dal suo vero Centro
sarà sicura o indolore, facile o
sistematicamente gioiosa.

La vera avventura è fatta di cose forti.
Voi non abbracciate la sofferenza del
mondo meno del suo splendore e del suo
brivido.

La vera gioia, la gioia che non produce nessuna
ombra e non conosce nessuna variazione, è
passata attraverso il fuoco.

Potreste dire che
il rimedio per
la sofferenza è
omeopatico.

La soluzione di un probema, non ha importanza *quale* esso sia, è vedere *a chi* appartiene. Non per capire, sentire o pensare a chi ce l'ha, ma veramente per contemplare quel CHI e aspettare di vedere che cosa nasce da quella contemplazione. Potete sempre ricorrere a questo vedere e a questo aspettare, indipendentemente dalle vostre necessità.

Il resto non è nelle vostre mani.

Osservate,
guardate che cosa succede,
e *confidate in esso*.

FEDE

Per arrivare
alla
risposta
corretta nel
momento
giusto,
abbiate
fiducia
in
Chi siete.

AMARE

Se guardiamo
veramente,
sicuramente
possiamo
vedere che
siamo fatti per
amare.

Siamo fatti
aperti, capacità
per l'altro.

Se sperimentiamo noi stessi come spazio per l'altro, lo ascoltiamo, lo guardiamo, gli prestiamo attenzione. E l'altro si sente considerato, ospitato e apprezzato, perché dopo tutto se non c'è nulla dove voi siete, nessuna faccia, assolutamente niente, l'altro vi sta rendendo un meraviglioso servizio nel fornirvi questa scena affascinante.

Ciò significa che io permetterò loro di essere quello che sono, perché lo spazio non ha in nessun modo la possibilità di manipolarli, usarli e sfruttarli. Lo spazio è molto paziente, molto ospitale.

Questa è una cosa totalmente diversa da quella che voi immaginate sia la base delle nostre realzioni personali, che sono simmetriche.

In un certo senso è la vera base dell'amore.

UNITÀ

Di conseguenza, ad ogni essere, dico—non con
superficialità ma con tutto il mio cuore: Qui,
in profondità dentro di me, come Chi realmente,
realmente sono, io sono l'Uno che voi
realmente, realmente siete.

Anche se forse apparteniamo a regioni ed
epoche totalmente diverse, indossiamo facce
completamente diverse, facciamo esperienze
totalemente diverse riguardanti il mondo,
tutte queste sono questioni periferiche, pure
questioni riguardanti caso, tempo e contenuto

Esse vengono trascese in un Contenitore centrale, senza tempo, nel quale io sono consapevole di me stesso così come voi, e voi, e voi, all'infinito.

Le barriere vengono abbattute, le nostre ferite vengono curate e noi stiamo di nuovo bene perché siamo nuovamente Uno.

Potete stare certi che se vedeste voi stessi come
"Vuoti-di-tutto" anche per un solo momento,
questo andrebbe ad influenzarvi veramente
in profondità.

Il vostro migliore contributo al futuro non è
ciò che voi dite, nemmeno ciò per cui lavorate,
ma ciò che voi *siete* ora. Non c'è niente di più
accattivante di questa libertà così ben radicata,
di questa impersonale serenità
che deve abbracciare
tutte le persone.

EVOLUZIONE

Io credo vivamente che se ci sarà un prossimo grande passo nella nostra evoluzione sarà questo passo verso il nostro Centro. Il passo dal nostro attuale tipo di consapevolezza sarà verso il nuovo tipo di consapevolezza concentrica della Prima Persona. L'utopia non sarebbe in pericolo di scoppiare, ma immagiate semplicemente la Rinascita che comporterebbe!

Vedere Chi siamo è andare al Centro dal quale parte una luce che illumina la mente. Abbiamo ancora meno illusioni riguardo alle nostre debolezze, ai nostri aggannci, ai nostri dubbi motivi e così via.

Dobbiamo passare attraverso lo stadio della scoperta e essere resposabili dei nostri unici sé.

Ma se quella è l'intera storia, oddio sono davvero nei guai, perché quel piccolo essere—quella cosa detta faccia nello specchio–è il mio certificato di solitudine, di mancanza di significato, perché un mondo che è formato solo da cose è senza significato. Là non c'è posto per l'amore. Non c'è posto per la libertà. È un mondo dove ognuno sta celebrando la sua propria individualità—una ricetta per l'inferno.

L'inferno dice, "Stai fuori! Ho già abbastanza problemi!"

RESPONSABILITÀ

La Prima Persona non può girare le spalle
al mondo. Essa sta di fronte al mondo.
Ecco perché facciamo resistenza alla nostra
Prima Persona. Percepiamo che vedere Chi
realmente siamo significa prendersi a carico la
sofferenza del mondo—e la gioia del mondo,
tutto quello che lo riguarda.

ASPETTATIVA

**Tutte le cose sono
soggette a stress.**

Se immaginate di essere una di quelle cose,
fate vostre le sue tensioni. Ma il fatto di
vedere che, in effetti, siete vuoto a favore
di quella cosa, *vi libera dalle* sue tensioni.
Negare ciò che siete è soffrire di stress.

***Per raggiungere il Paradiso, lasciate
che la vita vi radichi al suolo.***

È garantito che la vita faccia proprio questo,
che vi deluda—durante tutto il percorso
per giungere alla Rete di Sicurezza
che non vi deluderà mai.

Non aspettatevi *nulla* dal Nulla
che costituisce la base della vita ed
esso non potrà deludervi.

Aspettatevi anche *tutto* da
esso e nuovamente esso
non potrà deludervi.

Quello che crea lo stress è la nostra falsa
modestia nelle nostre richieste riguardanti la
vita, aspettandoci *qualcosa* da lei—questa o quella
particolare rosa, e senza spine—e questo ci
impedisce di godere del giardino di rose.

In verità mi sono dimenticato in cosa
risiede la mia ricchezza e la mia vera
grandezza, quanto siano inesauribili,
e fino a che punto il fatto di considerarli
di mia proprietà equivalga alla
mia assoluta povertà.

Quando immergo prima di tutto
la testa nel mare del nulla, là trovo
un'indicibile tesoro.

Si tratta veramente di un buon affare:
commercializzare una piccola cosa
dell'universo, scambiando questa cosa
mortale e difettosa con l'intero lotto—
ottenendo in cambio il mondo intero.
È davvero conveniente!

RICCHEZZA

Arrivando a guardarci da fuori, perdiamo questo Tesoro, perdiamo questa ricchezza, e, ahimé, passiamo il resto delle nostre vite, molti di noi, cercando di recuperare una parte della nostra eredità perduta.

Quando vediamo chi realmente siamo, non desideriamo più gli inutili oggetti che, penso, sono messi là a nostra disposizione semplicemente come simbolo o segno del nostro Tesoro perduto.

Quando il mondo è vostro, che senso ha prendere un milione di dollari? Cibo per polli! Patetico!

SEMPRE
DISPONIBILE

Vedere Chi siamo è la base.

In base alla mia esperienza, questo non ha
qualità. È nudo, assolutamente nudo, ed è per
questo che ha un così grande valore—perché
è disponibile indipendentemente dallo stato
d'animo. Non abbiamo bisogno di motivarci.
Il lasciarsi andare, il benessere e l'eccitazione,
il senso di mistero e di meraviglia che provo e
che sono connessi a Questo—tutto ciò,
benché ricco e importante, mi sembra
essere solo un piccolo affluente del Vedere.
E questa è una buona cosa perché il Vedere, la
Trasparenza, ci unisce tutti persino se e
quando non apprezziamo il benessere
e il mistero e quando tutto sembra
grigio e stupido.

AUTORITÀ

Voi siete l'autorità, il lettore, l'ascoltatore,
l'oratore: *voi siete l'autorità, e Douglas è un semplice
indicatore*. Ciò che scrive ciò che dice, ciò che fa,
è semplicemente per dirigervi verso la sorgente di
tutte le autorità, il vostro Sé.

Vi spingo indietro verso le vostre proprie risorse.

Tutto ciò che dico deve essere sperimentato,
niente di quello che dico è da prendere sulla
fiducia. L'unica autorità è Chi siete voi,
non la vostra natura umana ma Chi siete voi
realmente, realmente, realmente.
Tutto quello che io sto facendo è indicarlo.

Se trovate inconsistente qualcosa di quello che dico, con questa autorità che è stata creata dentro di voi, che in realtà siete proprio voi, in nome di Dio dite "All'inferno tutto questo!"

GIOCARE A NASCONDINO

Portare la vostra indagine nella mia esistenza significa distruggerla perché io sono sempre da qualche altra parte, come un arcobaleno o un miraggio. Se io prendo me stesso per quello che sono per me stesso, scopro che quello che mi si presenta sono queste persone, questi alberi, queste nuvole, queste stelle; e li spargo tutti come se fossero dentro una centrifuga gigante, lasciando libero il centro.

Invece, se prendo me stesso così come sono per gli altri, sono una moltitudine di creature, di infinite forme e dimensioni; e io le attiro tutte qui, benché facciano parte del fuori, come se fossi una potente calamita, non lasciandone nessuna libera. Di conseguenza è impossibile per me rimanere fermo sia qui nel mio centro che là nei centri dei miei osservatori periferici.

Sono qualcosa di simile al gioco del nascondino nel quale chi si nasconde e chi cerca non si incontrano mai perché ognuno trova rifugio nell'altro.

Ognuno è fuori in visita; ma poiché nessuno starà a casa per ricevere una visita, non ci sarà nessun incontro. Tutti noi manteniamo le nostre distanze cambiando posto e viviamo alla rovescia.

Una delle ragioni per cui non possiamo mai incontrarci è che facciamo molto di più che incontrarci: diventiamo vicendevolmente l'altro.

RESISTENZA

È strano.
Pensiamo di voler vedere Chi siamo;
pensiamo di voler essere liberi.

Ma io percepisco una grande resistenza,
principalmente perché il vedere che
non siamo nulla sembra essere
la fine della storia.

Se possiamo velocemente andare avanti e percepire che
come "nulla" siamo anche tutto, che si tratta di scambiare
quel tipo piccolino con il mondo intero, allora possiamo
vedere che si tratta di un ottimo affare.
Non si tratta di perdere. Proprio il contrario.

Dire di Sì! a quello che mi succede è spesso
terribilmente difficile, naturalmente, però,
risulta essere la ricetta per l'unica pace
che vale la pena di avere.

Vedo che proprio qui tutta la mia resistenza
si dissolve e mi apro totalmente per
ricevere qualsiasi cosa mi aspetti.

Quindi alla fine il paradosso si
dimostra valido: la mia
volontà si compie
perché non ho
volontà mia propria.

COMPORTAMENTO

Trovo che quando vedo chiaramente Chi sta
vedendo, non è necessario—è fatale per quel
vedere—preoccuparsi di quello che si dovrebbe
dire, fare o sentire: la giusta espressione della
Prima Persona accade in forma naturale e
spontanea, secondo le circostanze.
Il risultato è imprevedibile.

Se risulta non convenzionale, pazzo,
scioccante o persino perverso secondo gli
standard locali della terza persona,
non c'è niente da fare. Alla fin fine,
è quello di cui c'è bisogno.

So come aspettare,
ma smetto di esitare.

Quando sono realmente necessarie,
si fanno le cose giuste.

Così non decido in anticipo di non essere
odioso, perfido, meschino e irascibile;
di non vantarmi, adulare, rubare, illudere,
disprezzare, agitarmi, tenere il broncio
(la lista è infinita), benché possa anche
risultare che un tale comportamento
non accade quando porto
attenzione alla Sorgente di tutti i
comportamenti.

SENSAZIONI

Quando le persone dicono di non vederla, in generale intendono che non la percepiscono: il panorama interiore li lascia idifferenti.

Ma naturale! Grazie a Dio che è così. Si tratta di un fatto non di una sensazione della nostra Natura eterna e naturale e non del caleidoscopio in continuo cambiamento di pensieri ed emozioni a cui dà vita.

È la Verità che ci rende liberi, una Verità che non potrebbe essere più semplice: semplice nel senso di tranquilla e non decorata; semplice nel senso di spontanea.

Cerchiamo sempre di manipolare le nostre sensazioni.

Il solo modo per fare qualcosa riguardo alle nostre
sensazioni, forse non molto, è andare a monte
delle sensazioni e vedere Chi le ha.

Quindi le sensazioni, che siano negative o positive,
sono un'opportunità per vedere Chi siamo.
Non è una simmetria. È un'asimmetria.
Sono sensazioni a Non-sensazioni.

Lo Spazio che io sono non è uno Spazio sensitivo.
È Capacità per le sensazioni. La caratteristica
della mia Natura è sempre quella di essere libera da
ciò che la riempie. Le sensazioni vanno su e giù.
Questo rende la vita interessante. Ma Chi sono
io Qui non è soggetto a quelle variazioni.

**Chi realmente,
realmente sono è la mia benedizione,
il mio rifugio.**

SENZA TEMPO

Posti diversi hanno ore diverse, e quando
andate là controllate che ora *è* consultando
pendole e orologi da polso. Se volete sapere
che ora è a Casa quando vi fate visita,
portate l'orologio da polso proprio sul
vostro Occhio—solo per scorpire che
qui *il tempo non esiste!*

Intrinsecamente

siete

senza tempo.

Realizzare questo Ora istantaneo,
vivere nel momento presente, non pensare
al domani o a ieri, deve essere la mia prima
preoccupazione. E la seconda deve essere trovare
in questo Ora tutti i miei domani e i miei ieri.

**La visione di Chi siamo accade fuori dal
tempo perchè la visione di Chi siamo
è la visione di Dio che vede
Chi Egli Stesso è.**

SPIRITO

Lo Spirito di per se stesso,
la Consapevolezza e l'IO SONO e
l'Essere che *deve essere*,
che automaticamente è il suo unico
sé dall'eternità, è meraviglioso.

Ma lo Spirito, l'Essere che *non deve
essere*, la Consapevolezza che senza
nessuno sforzo e per nessuna ragione
nasce continuamente
dall'Inconsapevolezza,
proprio dal Nulla, è
una meraviglia ancora
maggiore—rendendo dunque quel
Nulla estremamente prezioso e anche
indispensabile.

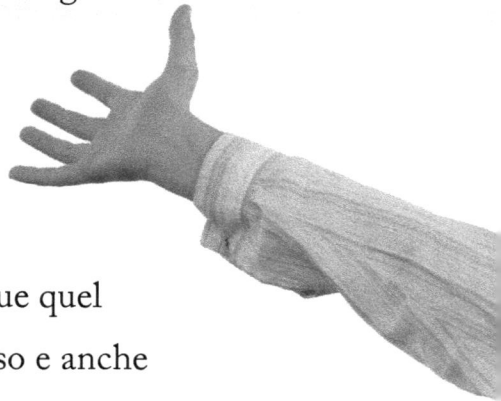

Per virtù di questo Niente, non è *quello* che lo Spirito è, ma è il fatto che *questo* esista che è incredibilmente adorabile. Più o meno la stessa cosa vale per il nascere spontaneo e senza alcuna ragione del nostro intero Corpo-Mente (che non è altro che l'universo), dal puro Spirito.

Che universo, che incredibile ricchezza e varietà sgorga instancabilmente da questo incredibilmente semplice IO SONO che sono io!

RITORNARE

Paradossalmente,
io ritorno per sempre
nel Posto che non ho mai lasciato.

E il Cielo mi aiuta se inganno
me stesso pensando che ho
percorso quella strada abbastanza
spesso, grazie tante, e che è ora di
fermarmi confortevolmente alla
fine confortevole dello stesso.

Quello che significa in
pratica è che ogni volta
che arrivo qui è una "prima
volta"—perché in effetti è
al di fuori del tempo.

Ciò significa che il mio
scomparire in vostro
favore diventa sempre più
sorprendente, che il mio
occhio singolo si spalanca
sempre di più con grande
meraviglia, e che io non
mi abituerò mai rispetto al
come la mia Renault Clio
rimuove il mondo come se
fosse una tazza di porridge.

OVVIO

Se ci rilassassimo in ciò che è estremamente ovvio,
troveremmo tutto ciò di cui abbiamo bisogno. Questo
antico mondo è affabile, benevolo. Non ci nasconde
niente di essenziale. La cosa più essenziale è quella più
evidente. Noi immaginiamo che sia il contrario. Ciò che è
realmente importante è dato ora gratuitamente.

Se non riesco a vedere che cosa sono (e specialmente
cosa non sono) è perché sono troppo occupato, sono
troppo "spirituale", troppo adulto e sapiente, troppo
credulone, troppo imitativo della società e del linguaggio,
troppo spaventato dall'ovvio per accettare la situazione
esattamente come la trovo in questo momento.

Solo l'io sono è nella posizione di dire che cosa c'è qui.

Quello di cui ho bisogno è risvegliare una sorta di
innocenza.
Ci vuole uno sguardo innocente e una testa vuota
(per non parlare di un cuore forte) per
ammettere la propria perfetta vacuità.

Finché non vedete Che Cosa siete non potete

sapere quanto questo sia ovvio.

Comparate con questa Visione,

tutte le altre visioni sono oscure,

confuse, non chiare,

ottuse.

VEDERE

Non è che io *possa* sbagliarmi
riguardo all'oggetto là fuori,
ma fino a un certo punto *posso*
sbagliarmi: impararlo del tutto
significa disimpararlo.

E dall'altro lato, non è che sia
probabile che io abbia ragione
riguardo al nudo Soggetto qui
ma è che io *devo* avere ragione.
Vederlo totalmente è vederlo
perfettamente così com'era ed è
e sarà per sempre, esattamente
come tutti i suoi vedenti lo
hanno visto e lo vedranno.

Poiché non c'è Nulla da vedere non posso
vederne la metà, nè posso vederlo
per metà;
si tratta di una
scoperta di tutto-o-niente
(tutto-e-Niente) che rimuove
qualsiasi ansia altrimenti la
mia Illuminazione dovrebbe
essere più debole della vostra,
meno matura, o in ogni caso in
qualche modo.

Il vedere questa unica perfetta
Visione è il Vedere perfetto;
pertanto tra chi gode di
questo non ci può essere
nessuna élite, nessun ordine
gerarchico—almeno mentre
dura.

NON SAPERE

Il grande segreto della vita, la grande conoscenza, è *non* sapere, essere in perdita, essere precisamente al limite della mia intelligenza, che è l'inizio dell'Intelligenza di Colui che realmente, realmente io sono.

Ogni "scelta" che parte dalla mia *non* conoscenza, dal mio *non aver* tutto registrato, dal non averla dentro una valigetta, dal non avere uno scritto o una regola, ma dalla Trasparenza Qui e da quello che la riempie, a me sembra una storia totalmente diversa, il vero arrendersi.

Tutto ciò che faccio è sia provenire dalla mia natura umana, dalla mia "immagine di Douglas" illegittimamente e insensatamente sovrapposta al Centro della mia vita, dal Quale io sono.

La differenza tra questi due tipi di azione non sembra molto grande, ma è molto, molto profonda.

L'autentico uno si potrebbe riassumere nel non sapere. **Semplicemente non sapere.**

VALORI TRASCENDENTALI

Qualora io sto centrato nella perfezione
dell'Uomo Nuovo, della mia Vera Natura
come Prima Persona Singolare,
le molteplici imperfezioni
dell'uomo vecchio
vengono mitigate.

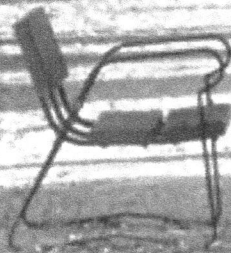

Qualora io vivo sulla base dei valori di questo
Uomo Nuovo—l'amore incondizionato,
nessun potere sugli altri, nessun girare loro le
spalle, l'accettazione dell'umiltà, e così via—
entro questi limiti i valori contrastanti
di quell'uomo vecchio diventano sempre
meno pesanti, con meno mancanza di senso
dell'umorismo, meno problematici e
sempre più concilianti, realistici e salutari.
In una parola, più naturali.

Tutto ciò che mi hanno
portato a credere riguardo
a chi realmente sono è
esattamente il contrario
e sbagliato.

AFFASCINANTE

Aprite il vostro Occhio ora a Quello che voi siete, a questo Occhio stesso.

Sentite che questa cosa, proprio ora, vi annoia da morire?

Come potreste mai pensare di ottenere molto da una cosa che è una Non-cosa?

144

Come potreste mai stancarvi di questo
Non-oggetto che, con disinvoltura,
produce interi universi?

Non ha forse un incalcolabile valore—questa Fine
del Mondo, questa vostra Scollatura che porta
l'intero mondo spazio-temporale sopra di essa ma
nessuno spazio, nessun tempo e nessun mondo—
assolutamente nulla—al di sotto di essa?

Datele solo mezza opportunità e vi garantisco
che scoprirete che questa Non-cosa è la sola
cosa di cui non vi stancherete mai, che non
perderà mai il suo fascino, che è sempre
nuova di zecca, alla quale non potrete
mai e poi mai assuefarvi.

Provatela ora per puro interesse,
cari lettori.

NON-MISTICA

A differenza delle idee e delle sensazioni, questo semplice
vedere lo potete sperimentare quando ne avete più
bisogno, come quando siete agitati o preoccupati.
Esso è pronto ad affrontare i problemi man mano
che sorgono, in quel preciso istante.

Questa meditazione di per se stessa non è certamente
un'esperienza mistica o religiosa, non euforica, non
un'improvvisa espansione nell'amore universale o nella
coscienza cosmica, nessun tipo di sensazione o pensiero o
intuizione, qualunque essa sia. Esattamente il contrario,
è assolutamente priva di caratteristiche,
incolore, neutra.

È guardare nella pura, immobile, fresca, trasparente, meravigliosa Sorgente e simultaneamente guardare il mondo fuori da essa, lo scorrere turbolento del mondo—senza essere trascinati in quel mondo.

State certi che potrete condividere una grande quantità di esperienze mistiche o spirituali, non andandoci dietro e seguendo il loro flusso, ma semplicemente notando che voi siete eternamente al di sopra di esse e che potete godere di esse solo qui dalla loro Fonte che è in voi.

IO SONO VOI

La differenza pratica che produce questa
scoperta rispetto alle vostre relazioni è immensa
e cumulativa. In effetti, quello che accade è che
voi comunque non *vi relazionate* con nessuno:
voi *siete* quella persona. In contrasto con il
così detto amore per se stessi, sentimentale e
selettivo, molto coltivato sulla Terra, questo
è il vero amore del Paradiso ed è amore per
tutto. Qui, l'amore incondizionato è
la nostra vera Natura.

Quando partecipo veramente, quando sono
onesto con me stesso, trovo impossibile lavarmi
le mani anche rispetto alla più malvagia o alla
più stupida o alla più spregevole o alla più
triste creatura del mondo.

Non si tratta di un caso di "Là vado io, ma per grazia di Dio" ma di "Là vado io nella cella della prigione, nel reparto psichiatrico, sul patibolo, non di meno che nei posti più allegri"—per la semplice ma davvero devastante ragione che Chi io realmente, realmente sono è ciò che voi e tutti gli altri realmente, realmente siete.

NESSUNA REGOLA

Se in base all'osservazione si sostiene che
io vivo secondo un qualche "principio",
questa non sarebbe altro che una visione
esterna e fortuita, perché l'Uno qui è libero da
tutti i principi—e da qualsiasi altra cosa.

Tanto meno
si tratta di
sostituire i Dieci
Comandamenti
con la Legge
dell'Amore.

Il Vuoto qui, che è la Fonte
non solo dell'amore ma anche del suo opposto,
non conosce nessuna legge.

La Prima persona è a-morale, a-tutto, perché
prescrivere delle regole a me stesso significa fare
di me un caso particolare, coltivare una faccia
o un'auto-immagine, rinchiudere me stesso
dentro una scatola, diventare una memoria,
una terza persona, una cosa separata che è
naturalmente egoista.

Al contrario, essere *Me Stesso* è essere questa
Prima Persona Singolare che, poiché è
consapevolmente identica a tutte le altre Prime
Persone (non che queste esistano realmente),
naturalmente "non è egoista", la cui "felicità"
non è dovuta a nessuna regola da seguire
ed è veramente creativa.

CONSAPEVOLEZZA

Chiudete gli occhi…

lasciate andare tutti i ricordi e l'immaginazione e notate se ora avete dei limiti o se essi sono chiusi dentro qualche tipo di contenitore.

NON-VISIVA

Non siete più simili

a spazio, silenzio che

contiene questi suoni

che si manifestano

dentro di esso, spazio

per questo passaggio

di sensazioni di calore,

pressione ecc., questo

flusso di sentimenti

e pensieri?

Semplice spazio o

capacità—ma ora

consapevole di se stesso

di essere spazio!

GUARDARE

*Smettetela di credere alle
cose e date semplicemente
un'occhiata, come fosse
la prima volta.*

Questo vedere l'Uno Perfetto
nel vostro centro è un vedere
istantaneo e perfetto. Non ci
sono visioni confuse o parziali
della vostra Origine.

Che diffferenza rispetto a quando vedete i suoi prodotti! *Le cose* sono troppo complesse, troppo incomplete, troppo disperse nello spazio e nel tempo, troppo fuori-a-pranzo, per essere viste. Al massimo possiamo intravederle.

Quello che conta è la distanza. Se vi spostate all'interno di voi avrete una lunga sequenza di apparenze destinate a perire. Se vi spostate completamente all'interno sarete l'Imperitura Realtà della quale tutte le apparenze non sono altro che aspetti.

Se volete essere Reali, dovete rompere l'abitudine di saltar fuori continuamente da voi stessi nello sforzo di vedervi da là fuori così come gli altri vi vedono.

Coltivate l'abitudine di rimanere seduti a Casa e di guardavi così come vi vedete.

PRATICA

Vedere ciò che realmente siete è
proprio la cosa più facile del mondo da
fare e proprio la cosa più difficile
da mantenere—all'inizio.

Normalmente, ci vogliono mesi e anni
e decadi di ritorno a casa, nel punto che
uno occupa (o piuttosto non occupa—il
mondo lo fa) prima ancora di imparare
come si fa a rimanere centrati, a stare
dentro, a vivere dal nostro spazio
invece che dalla nostra faccia.

Ora che sapete come andare là, potete far visita alla vostra casa ogniqualvolta lo desideriate e qualsiasi sia il vostro stato d'animo. Una volta superata la soglia, siete perfettamente a casa.

Qui, non potete mettere nessun piede in fallo. Non è la pratica a rendere perfetto questo Qui; esso è già perfetto sin dall'inizio. Ora non è possibile che vediate a metà la vostra assenza di faccia, o che vediate metà della vostra faccia.

Non ci sono vari livelli di illuminazione: o tutto o niente.

GUARDARE IN DUE DIREZIONI

Quando si persevera a guardare in due direzioni, il mondo esterno appare molto più vero e vivido e come se esistesse di per se stesso, senza un osservatore.

Anche questo modo illuminato di guardare il mondo non presuppone un perzionamento della nostra conoscenza del mondo, la cui vera natura è quella di essere ispezionato pezzo per pezzo e mai nell'insieme.

Solamente la sua Sorgente
è data tutta in una volta e può
essere vista in modo non selettivo,
con totale obiettività.

RISULTATI

È probabile che i giorni o le settimane o i mesi che seguono il vostro iniziale vedere (che esso si manifesti in modo esplosivo o meno) siano pieni di gioia e allegria. Vi sentite rinati in un mondo nuovo. Ma più presto che tardi, ahimé, tutto questo svanisce—con nostra grande sorpresa e disappunto. "Non mi ha portato a nulla!"

Allora la tentazione è quella di rinunciare a meditare, sulla base dell'errata impressione che avete perso la capacità di praticare quest'arte correttamente. In realtà, se persistiamo comunque, arriveremo a dare meno valore ai suoi frutti appetitosi ma circostanziali che a essa stessa—a favore della sua semplice e insapore verità, a favore del nulla che in effetti fa per noi, invece che del qualcosa che è solito fare per voi—e questo è un grande vantaggio.

Iniziando a perdere l'interesse per i frutti, assicurate loro una crescita molto più salutare, inosservata e indisturbata, aspettando la stagione della giusta maturazione.

Nello stesso tempo, ora e sempre, il vostro unico compito è il nutrimento della loro Radice.

SEMPRE NUOVO

Uno dei paradossi della Vacuità, qui, è come,
benché eternamente sempre uguale, essa
diventi più intrigante, più sorprendente,
più preziosa, man mano che viene
notata sempre di più.

Qui e solo qui, la familiarità genera
rispetto, dedizione, riverenza.

Non è questione di teoria ma di osservazione.

Il sistematico resoconto è che ogni cosa—
quando presa di per se stessa—presto o
tardi diventa monotona e noiosa, mentre
la Non-cosa dalla quale proviene
non perde mai il suo splendore.

Nè questa è la fine della storia.

La sorprendente felice sequenza è la seguente:
Tutte queste cose che emergono, così stancanti
di per se stesse, quando sono viste nel solo
modo in cui possono essere realmente viste,
da qui, dalla loro stazione di Origine, sono
immerse nella luminosità di quell'Origine.

Esse hanno il gusto fresco della loro Sorgente;
hanno il profumo della loro terra natia,
il Paese dell'Eterna
Chiarezza.

VEDERE IL MONDO

Il mondo è
un curioso fenomeno
che, come una
debole stella, può
essere chiaramente
osservato solo
quando non viene
guardato direttamente. Il
mondo ci nasconderà la
sua vera faccia finché non
guarderemo nella direzione
opposta, osservandolo nello
specchio del Sé.

I colori, i tessuti, i suoni, i gusti, gli
odori – tutte le sensazioni tenderanno
ad assumere una nuova brillantezza,
intensità, novità, nel più nitido contrasto
con il loro semplice Sfondo, qui. Per
esempio, è comune (anche quando uno
ha appena iniziato a vedere) trovare i
colori—come le luci dei semafori, le
carreggiate e le parti laterali dei taxi—
incredibilmente brillanti e belli.

*Non è quando vedete ma quando non
vedete il Vedente che chi è visto diventa
sempre più confuso e distorto.*

Non solo il mondo "esterno", ma anche
il vostro mondo "interiore" degli stati
psicologici viene oscurato quando
ignorate la parte più intima che copre
e sta alla base di tutti loro.

CHIARA
VISIONE

Finché qui creo questa ostruzione centrale, questa testa

simile a una noce, questa solida e opaca palla o macchia,

che serve come nucleo del mio universo, allora non solo

sono solido e soggetto a confronto, ma anche ottuso e

con una mente ristretta, la mia visione è bloccata,

la mia comprensione è confusa e oscurata, la mia

visione del mondo distorta.

Ostinarsi nell'errore (e il fatto di avere
una testa qui è essere in errore) riguardo
alla verità centrale del mio mondo è
sbagliarsi su tutto il resto. Aspettarsi
qualcosa di diverso (come se uno
potesse essere sano di mente fuori e
matto dentro) è come aspettarsi che un
orologio da polso vada avanti senza la
sua molla pricipale, che un albero fiorisca
senza avere radici, che una lampada si
illumini senza lo stoppino o l'olio.

Che strano che il solo punto
nell'universo che sistematicamente
non avevo notato si dimostri essere
il Punto che conta, la Terra più che
santa che è, precisamente, la Soluzione
a tutti i problemi e la Sorgente
di tutta la creazione!

Il mio specchio è un magnifico,

magnifico insegnante,

di valore molto maggiore rispetto

a tutte le scritture del mondo.

Il mio specchio conferma questa vasta apertura

proprio qui dove io sono. Proprio la cosa che tanto

tempo fa mi aveva messo addosso una faccia,

ora mi libera da essa. Ora guardo nello specchio

per vedere che cosa non sono!

La mia intera vita e ciò che devo condividere
con le persone si reduce a questo "Smettila di
identificarti con quell'individuo nello specchio,
che è molto importante ma che è *là*.
Ritorna indietro da là, dove lui è,
a *qui*, alla sua Origine,
che è esattamente
dove voi siete."

LO SPECCHIO

Ogni cosa perisce. Se non
volete perire andate
dove non c'è nulla
che perisca. Allora
troverete che
voi siete già là.

Vedere è la morte più
profonda.

Qui, voi siete più morti dei morti.
Finché non vedrete questo chiaramente
e non lo accetterete profondamente, non
sarete sufficientemente vuoti, non sarete
sufficientemente aperti, per fluire con la vita
di resurrezione che è la vita del mondo intero.
Quando scoprirete, al di là di ogni dubbio,
che siete questa terribile Terra Desolata, allora
là troverete il Santo Graal, che già vi inonda
traboccando con la sua acqua della vita.

MORTE

RESURREZIONE

Vivere è essere la resurrezione
e la vita degli altri.

Il posto dal quale provengo è a monte
della vita. È la sorgente della vita, sì,
ma non è vivo. Da Qui guardo là fuori
osservando una chiocciola o i narcisi,
per non parlare di voi, e, mio Dio,
scopro la vita.

È la vecchia, vecchia storia: morire per
vivere. Date la vostra vita. Il modo per
possedere la vita è rinunciare a lei,
morire per rinascere a nuova vita.

Nella Totalità tutto ciò
che è morto vive
completamente e,
nel Centro, tutto
ciò che vive muore
completamente.

Qui perdiamo noi stessi
e troviamo Noi Stessi
in un mondo immortale
le cui divisioni e opacità
sono finalmente svanite
e dove ogni cosa è
indescrivibilmente priva
di peso e luminosa.

FALLIMENTO

È una cosa meravigliosa realizzare che come esseri umani siamo un fallimento, che tutto è perduto, che l'intera situazione è andata a rotoli.

A questo punto facciamo affidamento solamente su Chi noi siamo.

Dobbiamo morire prima
che Dio possa vivere
in noi.

GRAZIA

Al centro nel nostro cuore
scopriamo il potere e la gloria
che stanno dietro al mondo.

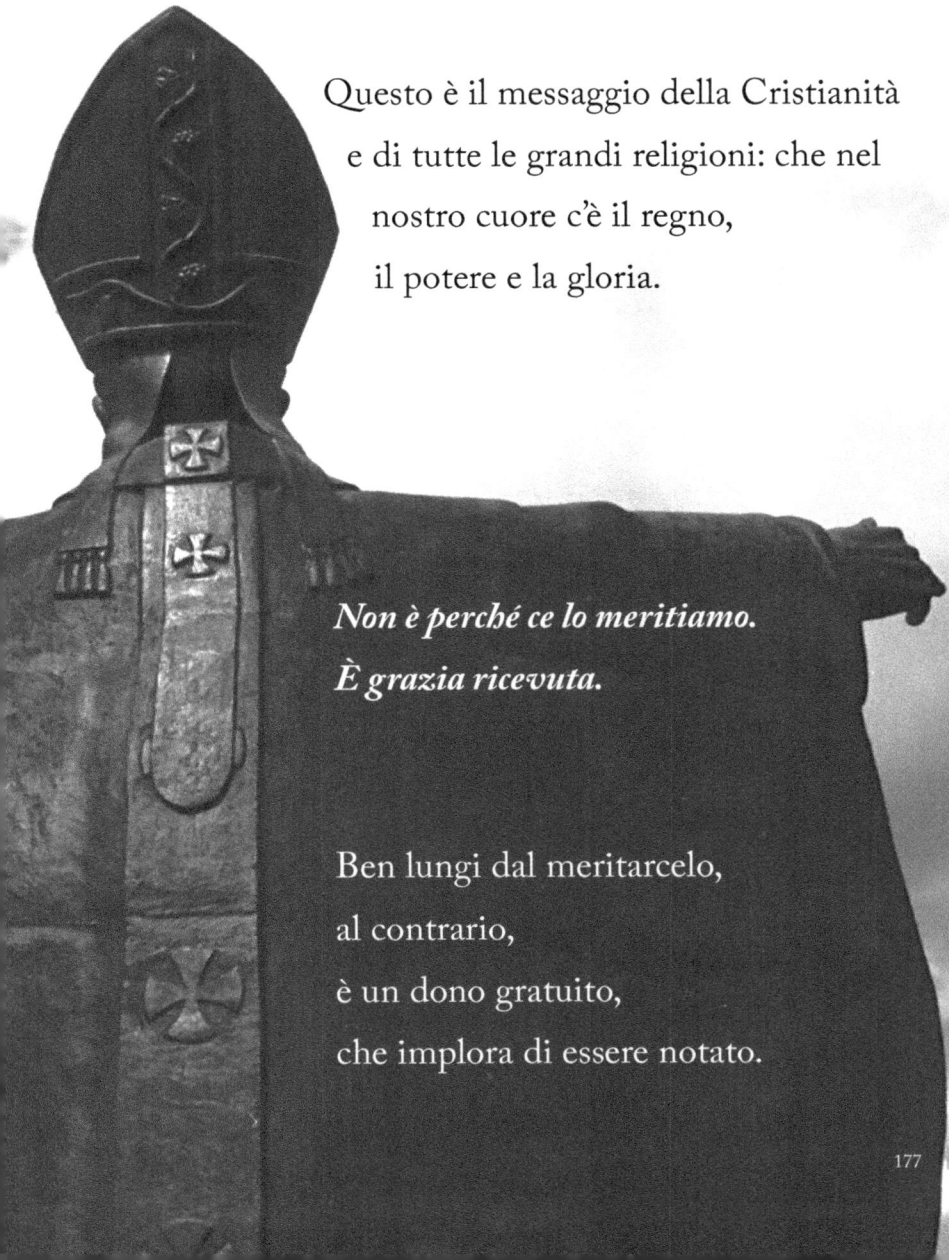

Questo è il messaggio della Cristianità
e di tutte le grandi religioni: che nel
nostro cuore c'è il regno,
il potere e la gloria.

Non è perché ce lo meritiamo.
È grazia ricevuta.

Ben lungi dal meritarcelo,
al contrario,
è un dono gratuito,
che implora di essere notato.

NESSUN METODO

Facciamo troppo e quindi siamo inefficaci,
parliamo davvero troppo e quindi non diciamo
niente, pensiamo veramente troppo e quindi
impediamo ai fatti di
parlare da soli—
così dicono
quelli che
conoscono
il valore
del vuoto.

È venuto il momento per
noi di sperimentare in prima
persona, non—ripeto *non*—con
il metodo indiretto di cercare di
stare tranquilli e senza pensieri
(questo semplicemente non
funziona) ma con il medoto
diretto di vedere Chi, sembra,
stia cercando di essere così.

Nessun uomo diventa simile a Dio
finché non vede che in ogni
caso non è un uomo.

RIFUGIO
SICURO

*Dunque tutto mi riporta
alla questione cruciale
della mia vera Identità.*

*Se insisto a
trasformarmi in
un oggetto,
una cosa e una terza
persona qui, sarò
tormentato da mille
paure e allora meglio
morire.*

Ma se lascio cadere questa abitudine non realistica e poco gratificante e mi rivolgo a Me Stesso, vedo che non sono mai emerso da quel meraviglioso Abisso che ero io ancor prima di Abramo, ancor prima della prima galassia e del primo atomo, ancor prima del tempo stesso.

Proprio qui e ora, esattamente nel posto da dove nasce questa tempesta e questo cambiamento, io sono a Casa e all'asciutto.

Dove potrei andarmene fuori da questo Rifugio Sicuro?

IMPERITURO

Ci sono tutti i tipi di vantaggi ad essere
Nulla, ad essere realmente Spazio, perché
le cose sono a rischio, stanno una contro
l'altra; sono una minaccia una per l'altra.
Ognuna afferma se stessa, escludendo
le altre dal suo spazio.

Le cose si escludono a vicenda.

Questo potrebbe essere in un certo
qualmodo attraente, ma certamente
vi rende, se siete una cosa, terribilmente
a rischio e di base spaventati,
perché le cose periscono.

Potreste avere paura perché
le cose periscono.

Se siete una Non-cosa,
sorge la domanda se potete
perire completamente.

Se siete
Spazio/Consapevolezza,
è quello il tipo di cosa
che perisce,
che viene e va?

SICUREZZA

Che sollievo essere supportati da Colui
il cui nome è IO SONO, il nome che precede
e introduce ogni altro nome.

*Che solllievo fondersi ed essere
sostenuti dall'Illimitato.*

Questa meditazione è sicura, non solo perchè
non può essere fatta in modo sbagliato, non solo
perché evita la dipendenza dagli altri da un lato
e la propria alterigia dall'altro, ma anche perché
è naturale. Non c'è niente di arbitrario o
fantasioso a questo riguardo, nulla che vi
costringa a credere, nulla da poter sbagliare,
nulla che vi differenzi dalle persone ordinarie,
niente di speciale.

È sicura perché significa scoprire come stanno
le cose, non cercare di manipolarle.

Che cosa potrebbe essere meno pericoloso
del cessare di predervi in giro riguardo
al vostro Sé, o più pericoloso del
non farlo?

La totale accettazione è veramente difficile.
È precisamente l'opposto della pigra indifferenza
che lascia correre le cose. Nasce improvvisamente
dalla forza interiore e non dalla debolezza,
dalla concentrazione, non dal lassismo.

C'è una differenza tra la sofferenza alla quale
si oppone resistenza e la sofferenza che
viene accettata. È dalla sua
accettazione che nasce
la pace.

ACCETTAZIONE

Perché il mondo è così problematico,

così spaventoso?

È così per natura, o perché prendiamo la
via più facile, quella di combatterlo, invece
della più difficile, quella di adattarsi ad esso?
Dobbiamo trovare per noi stessi la verità di ciò
che ci dice il saggio e cioè che perfino nelle più
piccole cose la via della non-interferenza,
di lasciar andare la volontà del sé, dello
"sparire", è sorprendentemente pratica,
la via che funziona veramente.

**Non solo, a lungo termine ma attimo
per attimo, uscire consapevolmente fuori
dalla Luce, facendo posto a qualsiasi cosa
accada che si presenti in quella Luce,
è straordinariamente creativo.**

FIDUCIA

Più guardo stabilmete Colui che è più vicino e più chiaro, più questo si mostra essere ciò che è di più caro, il più me di me stesso, la Risorsa che non mi lascia mai *realmente* a terra.

L'Uno Completamente Sveglio che—benché del tutto familiare, ovvio e trasparente—mi riempie di adorazione e meraviglia di fronte al mistero della sua auto-origine. Chi porrebbe dei limiti alle risplendenti benedizioni che possono sorgere dalla nostra crescente disponibilità a credere a ciò che vediamo, invece che a ciò che ci dicono di vedere?

Non si può avere fiducia nelle cose. Esse pongono problemi, cambiano, periscono. Non è così per questa Non-cosa Risvegliata. Solo su di lei possiammo fare affidamento. Essa crea cose—è vero, non le cose che immaginate di volere, ma le cose che realmente, realmente volete, le cose di cui avete bisogno. È così sorprendente tutto questo?

Dopo tutto, è da questa stessa Non-cosa incredibilmente misteriosa che *tutte* le cose emergono senza alcun motivo (perché dovrebbero averne uno?), che sta emergendo ora questo universo enormemente improbabile.

ARRENDERSI

Se tutto ciò che vogliamo è vedere Chi realmente,
realmente siamo, niente ci può impedire
dal farlo in questo preciso momento.

Ma se il nostro progetto è di usare questa
visione benedetta per acquistare cesti pieni di
belle sensazioni o non importa quali altre
belle cose, potremmo pure abbandonare
l'idea stessa dell'Auto-indagine.

**Finché qualche parte di me non si arrende,
non potrò mai essere Me stesso.**

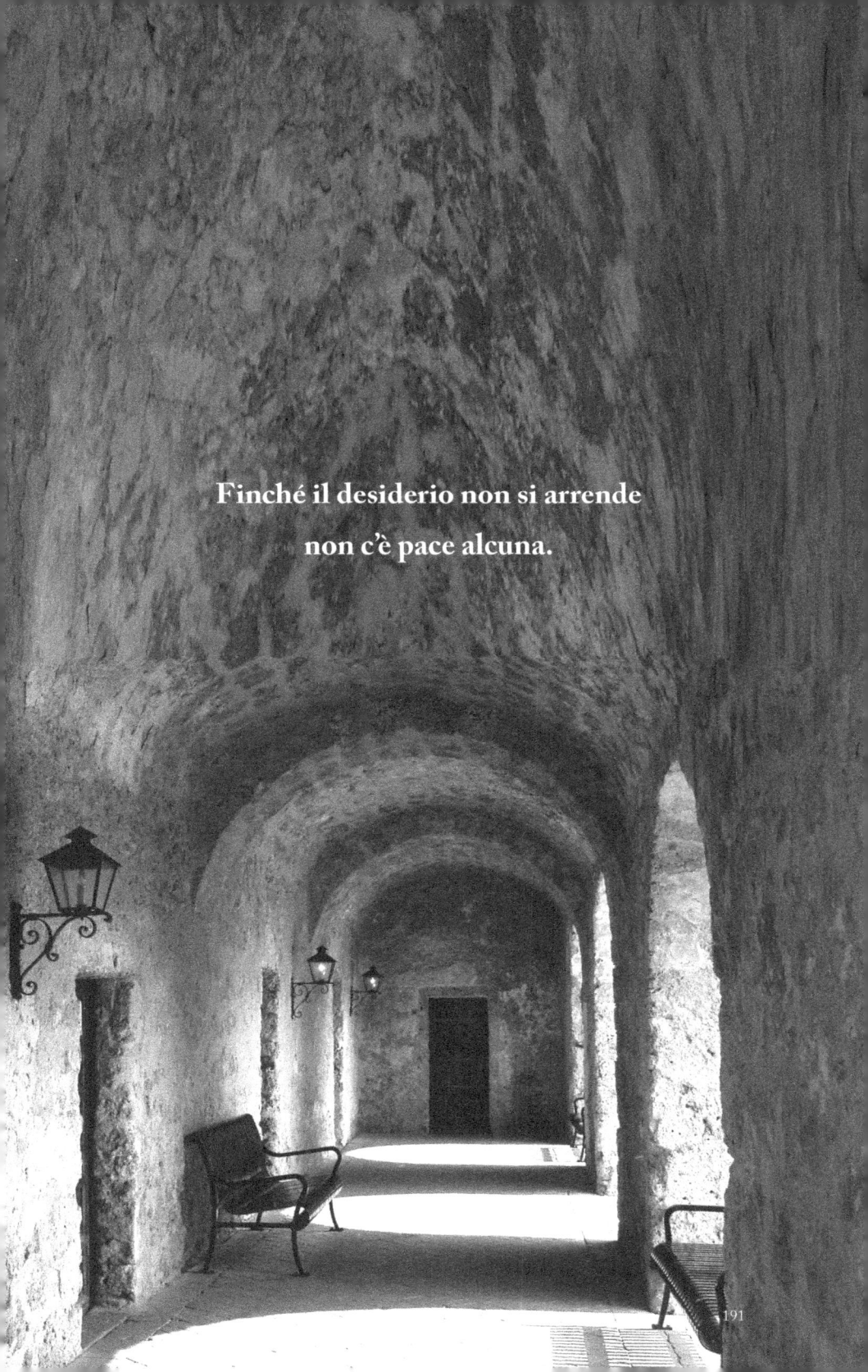

Finché il desiderio non si arrende

non c'è pace alcuna.

PACE

Se sono perfettamente soddisfatto ora,
è perché ho smesso completamente
di essere qualsiasi tipo di Contenitore
e invece sono con*tento* del mio *con*tenuto.

La pace è la nostra vera natura, non qualcosa in cui
ci imbattiamo. Essa è presente là dove noi siamo,
più vicina di ogni altra cosa.
Non la raggiungiamo;
nasciamo da lei.
Incontrarla significa
permetterci di
ritornare nel posto
che non abbiamo
mai lasciato.

**Al Centro
c'è sempre
perfezione …**

**…fuori dal Centro
c'è sempre imperfezione..**

Esiste solo una cosa sulla quale possiamo fare
affidamento in tutte le circostanze, ed è il loro Nucleo
di Pace. Il vedente può spesso trovarsi in un mondo
tragico, triste, sconcertante e problematico, ma non
gli mancherà mai (fintanto che continua a vedere) la
pace della mente. La sua ansia di base se n'è andata.

Quando vede che la Pace è proprio lui, può riposarsi.

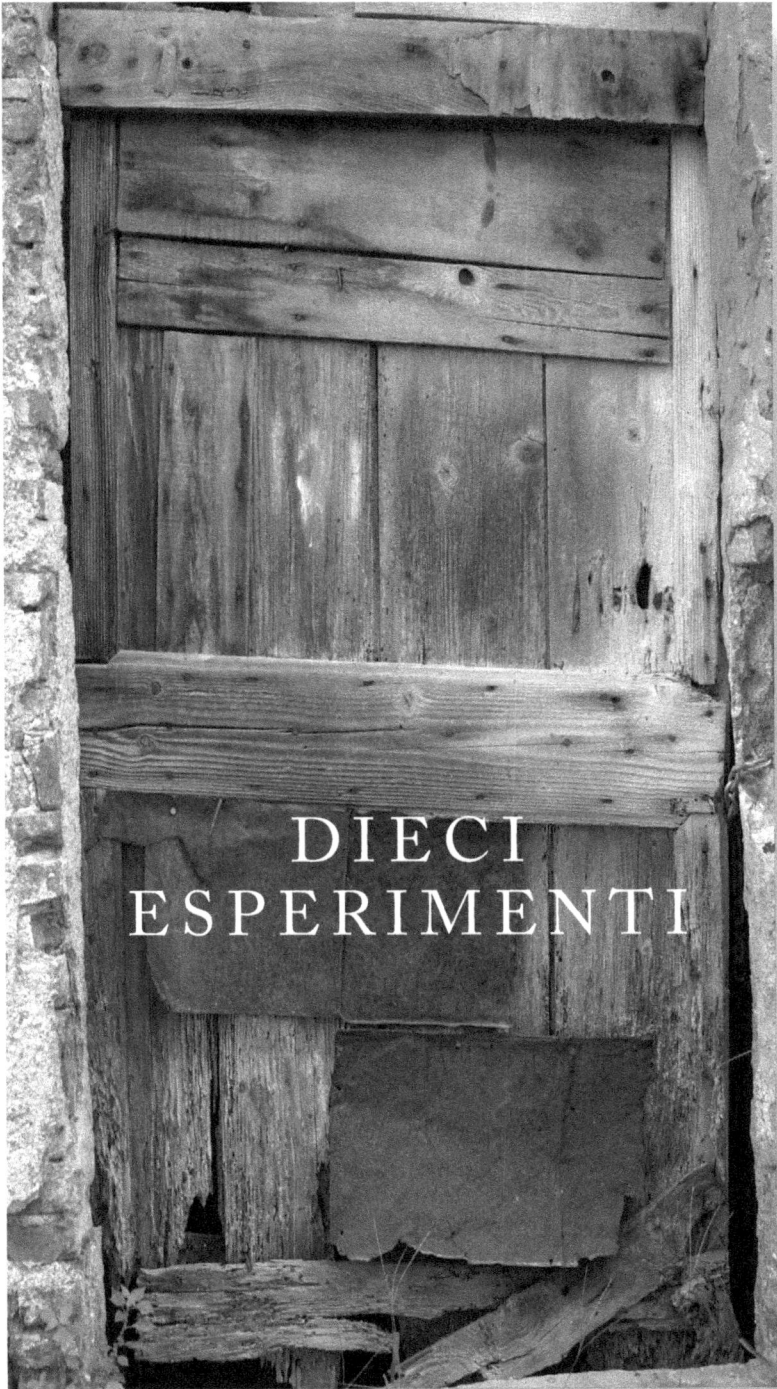

DIECI
ESPERIMENTI

INDICARE

Indicate il muro davanti a voi. Guardate com'è solido e opaco.

Ora abbassate lentamente il vostro dito fino ad indicare il pavimento. State ancora indicando qualcosa, una superficie.

Poi, girate la mano e indicate i vostri piedi... le vostre gambe... il vostro tronco... il vostro petto—ancora cose, ancora superfici.

Indicate ciò che sta al di sopra del vostro petto: il vostro collo, la vostra faccia, i vostri occhi... O piuttosto, il posto dove le altre persone vi hanno detto che si devono trovare quelle cose.

ORA NON STATE INDICANDO NESSUNA SUPERFICIE, ASSOLUTAMENTE NESSUNA COSA.

Controllate voi stessi come tutto ciò sia privo di caratteristiche, incolore, trasparente, senza confini. Continuate a indicare, a vedere dentro il vuoto; vedere quanto è vasta, quanto è profonda, quanto è alta questa non-cosa che corrisponde al lato dalla vostra parte rispetto a quel dito che indica all'interno.

E guardate come, proprio perché è così privo *di* qualsiasi cosa, è anche vuoto *a favore di* qualsiasi cosa. Guardate come è riempito dall'intera scena colorata e in continua trasformazione—dal soffitto, dalle pareti, dalla finestra e dal panorama che si vede da essa, dal pavimento, da quelle gambe, da quel tronco e da quel dito stesso che indica. Guardate come la non cosa che voi siete *corrisponda* a tutte le cose che sono in mostra.

Siete mai stati qualcos'altro se non questa NON-COSA/ TUTTE LE COSE?

APRIRE IL VOSTRO VERO (TERZO) OCCHIO

Potete vedere che un essere umano ha *due* "finestre" in una testa. E, lui vi dirà che vi sta guardando attraverso i suoi *occhi* al plurale—i suoi *due occhi* o *un paio di occhi*—non il suo occhio.

La questione è: *voi*, da dove state guardando fuori proprio ora, secondo la vostra esperienza di prima mano? State ricevendo queste lettere e parole—queste file di segni neri su carta bianca—attraverso *due* piccoli spioncini?

O attraverso *una* "finestra" molto grande e trasparente—così grande che non ha assolutamente nessun infisso o confini definiti, così trasparente che sembra senza vetri e completamente spalancata?

In effetti, trovate una qualsiasi qualcosa dalla vostra parte—dal lato più vicino—della scena? O siete scomparsi in suo favore, trasformati in pura Capacità, vuoti a favore di tutte queste pagine, per le mani e le braccia troncate che le sostengono e per il loro sfondo sfocato?

VEDERE LA VOSTRA FACCIA ('ORIGINALE')

Gli esseri umani sono messi a confronto con il mondo, si scontrano con esso, si trovano faccia-a-faccia con altri simili a loro. Quello è il modo in cui parlano, il modo in cui guardano, il modo in cui sono.

Voi vi relazionate con le persone in questo modo? *Voi* state di fronte a loro, vi mettete a confronto con loro?

Giratevi verso qualcuno nella stanza, o verso la vostra stessa faccia nello specchio, esaminate semplicemente la faccia disegnata qui. Vedete se avete qualcosa là dove siete che corrisponda a quella forma e a quei colori, a quella opacità e a quella struttura, una qualche qualunque caratteristica—per non parlare di quelle che sono in grado di interporsi alla scena, di cambiare la loro espressione, di invecchiare.

La vostra propria vera "Faccia" non è forse simile a uno schermo assolutamente vuoto, o a una tela non dipinta, o a uno specchio senza vetro, sempre pronti ad accogliere e istantaneamente scaricare senza lasciarne traccia, una successione infinita di facce umane e animali? Sempre pronto a diventare di volta in volta ogni faccia e ogni scena, con stupefacente brillantezza e nei minimi dettagli?

La vostra propria "Faccia" ha mai avuto una qualche carnagione o caratteristica di per se stessa che possa essere nata e corrisponda alla faccia di un neonato e cresciuta fino a diventare la faccia di un adulto—per non parlare di rughe, e morte e decadenza?

LE VOSTRE DUE FACCE

Se non avete uno specchio ovale o rotondo, anche uno ordinario rettangolare andrà bene. Sostenetelo, localizzate la vostra faccia in esso e mantenetelo in quella posizione per tutto l'esperimento.

Mettendo da parte tutti i credo e l'immmaginazione, guardate dove si presenta quella faccia. Notate il posto dove la tenete: all'estremità più *distante* del vostro braccio.

Questo posto è da dove anche gli altri la prendono. Questo posto è il posto in cui tengono le loro macchine fotografiche per fotografarla e dove voi mettete la vostra macchina fotografica per farvi un auto-scatto. Non è mai stata più vicina a voi di così, o più lontana.

Inoltre potete vedere che quella cosa non si trova, e non si troverà mai, all'estremità più *vicina* a voi del vostro braccio, montata su *queste* spalle.

Là, a un metro circa di distanza, c'è la vostra faccia umana, la vostra faccia acquisita, la vostra apparenza. È una cosa. *Qui*, proprio qui, c'è la vostra Faccia non-umana, la vostra Faccia Originale, la vostra Realtà. Non è una cosa. Ora guardate quanto sia grande il contrasto tra loro. Guardate quanto chiara, immacolata e priva di rughe sia la carnagione di questa, quanto totalmente aperta e serena la sua espressione, quanto sia rilassata. E, sì, quanto è bella! E quella piccola faccia chiusa laggiù? Beh, quello è un problema che riguarda le persone che vi stanno intorno.

ESPERIMETO A
OCCHI CHIUSI

Chiedete a un amico di leggervi le seguenti domande mentre voi continuate a tenere gli occhi chiusi.

- Sulla base dell'evidenza del presente, voi, che aspetto avete ora?

- Quante gambe, braccia, teste, corpi—se ce ne sono—potete rilevare?

- Quanto grandi siete?

- Potete veramente dire "Sono questo, o quello?"

- In ogni caso potete non dire, "IO SONO"?

- La vostra sensazione di ESSERCI è meno forte ora rispetto a quando vedete o pensate a voi stessi come a qualcosa o altro? È, forse, più forte ora?

- Dipende da qualcuno dei vostri sensi?

- Questo IO SONO ha qualche caratteristica che si possa senza dubbio collegare con il vostro aspetto umano o a qualche altra cosa o che la potrebbe comunque separare dall'IO SONO laddove o nel momento in cui appare?

- Se siete così nel vostro proprio Centro, non siete così anche nel Centro di tutti gli esseri, di tutto l'ESSERE, e più vicini a loro delle vostre stesse mani e dei vostri stessi piedi? E molto più vicini a me di queste mie mani e di questi miei piedi?

SCOPRIRE CHE SIETE ETERNAMENTE IMMOBILI

Le persone vanno in giro e sono molto contente di farlo. Loro vi diranno che non sopportano e hanno paura di rimanere bloccati. In effetti, tutti i corpi si muovono: in particolar modo quelli viventi, nei quali si intrecciano trame in continua trasformazione e di grande complessità.

Se non siete quella cosa chiamata corpo, ma invece siete la Non-cosa senza confine o Spazio che lo contiene—insieme a tutte le altre cose—non dovete forse essere assolutamente immobile? Sicuramente una Non-cosa infinita che si muove non ha senso, è impossibile?

Beh, vediamo. Vi chiedo di testare subito voi stessi riguardo alla mobilità-immobilità. Vi prego di alzarvi, e mentre state indicando quello dal quale guardate fuori—la vostra 'faccia'— notate come, in effetti, quel dito sta indicando totalmente una Non-cosa. Poi, mentre continuate a guardare simultaneamente quella cosa detta dito là fuori e la Non-cosa qui, iniziate a girare su voi stessi sul posto. E notate come, in effetti, non siete voi ma è la stanza che sta girando. Quindici secondi saranno sufficienti, poi rallentate la stanza che gira, fermatela e sedetevi nuovamente. È un compito così facile, che vi porta via così poco tempo, tanto che io mi permetto di insistere che non vi limitiate semplicemente a leggere questo, ma vi invito a fare quello che vi chiedo, ora.

Non era proprio la stanza—il soffitto, le pareti, le finestre, i quadri—che giravano e non eravate forse voi lo Spazio immobile nel quale essi giravano?

La prossima volta che credete di muovervi lungo un corridoio, controllate quanto ciò sia impossibile per voi farlo— il vero voi, la Prima Persona—e come invece esso passa sotto di voi e viene inghiottito dalla vostra immensità-immobilità.

La prossima volta che vi capita di guidare un'auto, osservate come sia l'intera scena che si muove—le cose molto lontane, come le colline, molto lentamente; le cose ad una distanza media, come le case, più velocemente; le cose, come i pali telegrafici e i lampioni, proprio molto velocemente—in una grande processione attraverso la vostra immobilità. Potreste notare che non potete e non avete bisogno di *andare* da nessuna parte, visto che tutte le cose e i posti davanti a voi—gli edifici ai lati della strada, i villaggi, le città, i paesi—stanno obligatoriamente venendo da voi e riversandosi dentro di voi; e non c'è modo o necessità di *lasciare* nessun posto, vedendo che quelle stesse cose e posti (come potete notare nello specchietto retrovisore) si riversano in voi ed escono fuori da voi e obbligatoriamente si ritirano in lontananza. E nel frattempo voi non vi muovete neanche di un centimetro. Come siete splendidamente serviti!

SCOPRIRE CHE SIETE SENZA TEMPO (PARTE 1)

Viventi o meno, le cose hanno invariabilmente bisogno di un certo tempo per essere quello che sono. Così un atomo non è un atomo finché i suoi elettroni non hanno avuto il tempo necessario per creare le proprie orbite. Così un essere umano non è un essere umano finché lui o lei non hanno avuto il tempo di passare attraverso e incorporare molte drastiche trasformazioni, nel corso della loro storia come embrioni e feti, e poi come neonati e bambini. Niente di questo incredibile passato viene cancellato dal presente. Un noto legame con il tempo è il fatto che un essere umano include l'intera sua storia e agisce ora con tutta quella storia presente dietro di lui o lei.

Ora, se in totale contrasto con la vostra natura umana periferica, la vostra vera e fondamentale Natura—ciò che siete al centro, dentro e per voi stessi—è proprio solo Spazio Vuoto o Pura Capacità o Assoluta Immobilità, allora non avete assolutamete bisogno di nessun tempo per essere voi stessi, non siete vincolati o non incorporate nessun tempo qualsiasi esso sia. Non avendo niente qui da impersonificare o costruire o mantenere, presumibilmente il tempo qui è inutile e di conseguenza siete senza tempo. Come sempre, andiamo a *vedere*.

Non solo là fuori ci sono cose—presumibilmente diverse da voi—gravate dal tempo, ma esse sono anche sistemate secondo fusi orari in base a quanto distano da voi. Il vostro orologio da polso indica che là, più o meno a un metro di distanza, l'ora è tale o tal'altra. E voi avete delle buone ragioni per supporre che a New York e a Tokyo e in altri posti gli orologi stiano registrando ore diverse.

Ora la questione è: Che ora è esattamente là dove voi siete, al centro di tutte questi fusi orari?

Lo potete scoprire in modo normale, consultando gli orologi locali, in assenza dei quali anche il vostro orologio da polso andrà benissimo.

Dopo aver letto l'ora che esso indica a un metro di distanza portatelo molto lentamente e con molta atttenzione verso di voi, mentre continuate a leggere l'ora, finché non sarà più possibile avvicinarlo ulteriormente. Non capita forse che quei numeri stampati ben presto diventino offuscati, poi ileggibili e alla fine spariscono del tutto? Che, in effetti, il vostro fuso orario centrale appaia essere senza tempo? Che il tempo, per sempre eccentrico, non possa mai venire a Casa da voi? Che mentre voi contenete il tempo insieme al mondo che lo costruisce, esso non possa mai contenere voi? Qui vale sempre la Legge dell'Asimmetria, e (proprio come c'è faccia là a non-faccia qui, colore là a non-colore qui, e così via) c'è tempo là a non-tempo qui. Quindi, ovviamente, visto che come Prima Persona voi siete una non-cosa, e dove non c'è nessuna cosa non c'è nessun cambiamento, e dove non c'è nessun cambiamento non c'è nessun modo di registrare il tempo, e dove non c'è nessun modo di registrare il tempo, non c'è nessun tempo.

Inoltre, poiché si tratta precisamente di una questione di vita o morte, vi devo chiedere di andare oltre la vostra riluttanza ad effettuare un esperimento estremamente 'superfluo' e 'infantile'. Non è forse possibile—persino probabile—che fino a quando non diventate simili a un bambino piccolo (e come tale sia privo di imbarazzo e candido e privo di opinioni, sia seriamente giocoso) non entrerete mai nel Regno dei Cieli, non lascerete mai il reame della morte regolato dal tempo per il reame dell'eternità?

SCOPRIRE CHE SIETE SENZA TEMPO (PARTE 2)

Il seguente esperimento è particolarmente adatto a quelli di noi che stanno guardando dentro il Nulla da un po' di tempo. In ogni caso si incoraggiano i nuovi vedenti a fare un tentativo. In effetti, questa distinzione tra noi "vecchi" del mestiere e voi "nuovi" è provvisoria: stiamo per scoprire se dentro c'è qualcosa.

Mentre indicate dentro ancora una volta, esaminate attentamente questo posto veramente strano che state indicando. State contemplando senza il coinvolgimento del tempo dentro le profondità infinite della vostra eterna Origine e del vostro eterno Destino, dentro l'abisso della vostra Natura immutabile e immortale?

Per controllare se, semplicemente girando la direzione della vostra attenzione di 180°, all'improvviso entrate in un mondo dove le distinzioni temporali non sono più applicabili, vi prego di rispondere il più possibile alle seguenti domande:

- Siete in grado di stabilire una data e un'ora della prima volta che avete guardato dentro il vostro Nulla? Siete sicuri che fosse la prima volta?

- Forse potete ricordare le circostanze di molte occasioni riguardanti il vedere—gli incontri e le idee che vi ci avevano portato, l'ambientazione e il comportamento a cui hanno dato origine—ma potete ricordare il vedere stesso, e come è stato per voi vederlo? La memoria ha possibilità di accesso qui?

- Ha qualche significato parlare degli intervalli lunghi o brevi, o di quasiasi spazio tra un vedere e quello successivo? Ha in qualche modo senso parlare di un vedere lungo o sostenuto (che duri, diciamo, tre giorni, o un'ora e un quarto, o sei minuti) in contrasto con uno breve (che duri, diciamo, 3,85 secondi)? O ha significato alcuno fare riferimento al plurare a più di un vedere?

- Potete scoprire voi stessi a fare distinzione tra una buona giornata durante la quale il vostro guardare dentro è ben mantenuto, una giornata media in cui viene spesso interrotto, e una brutta giornata in cui è solo occasionale? Il guardare dentro può essere misurato in questi termini—in qualche termine?

- Voi "pratici del vedere da lungo tempo"—avete mai sentito un qualche vantaggio, o superiorità rispetto ai "principianti del vedere"?

Sempreché la vostra risposta a queste domande sia NO! c'è una prova maggiore che il vostro vedere non è niente meno che l'Eterno vedere dentro l'Eternità. Ma *naturalmente*, in questo caso, non c'è tempo per orologi, calendari e agende; ma *naturalmente* quello che accade e quando è assolutamente vago; ma naturalmente condensa il tempo; ma naturalmente non può fare distinzione tra i principianti e i passati maestri al lavoro! Uno di questi maestri è John Tauler, che scrisse: "Un uomo che realmente e veramente entra nella sua Terra percepisce come se fosse stato là per l'Eternità." Tutto questo non è forse proprio ciò che vi aspettereste da un dietrofront di 180° dal tempo al Non Tempo?

E il risultato pratico di questo test?

Che risorsa istantanea, bella tanto quanto intima e misteriosa tanto quanto disponibile abbiamo proprio qui! Che medicina contro la morte, che rifugio eterno, c'è proprio nel nostro cuore, che si espande visibilmente per accogliere e prendersi cura di ogni cosa! E disponibile ORA nella sua totalità e profondità—per quanto incompetenti o sottoquotati possiamo essere, non importa quale sia il nostro stato d'animo e proprio quando ne abbiamo più bisogno!

AVERE UN'ESPERIENZA-
FUORI-DAL-CORPO

Le persone si identificano con i loro corpi. Vale a dire che si collocano dentro e non fuori da essi. Come per rassicurarvi di questo, esse parlano della loro "permanenza in questa casa di argilla", della loro "attuale incarnazione", o persino della loro "prigione nella carne". E molti aggiungono che quando moriranno si libereranno di questo corpo e andranno a stare da un'altra parte—per esempio in una nuova specie di "corpo spirituale" in Paradiso o in Purgatorio o in Inferno, o in un altro corpo fisico sulla Terra.

Qualcuna di queste cose vale anche per voi—per il vero voi nel momento presente? In altre parole, siete chiusi dentro qualcosa, qualsiasi essa sia? Siete piccoli, circoscritti, incarnati?

Guardate quella mano. Siete *dentro* quell'oggetto? Se è così, ditemi come si sta là dentro! È un posto angusto, congestionato, buio, umido? Potete iniziare a descrivere—non per sentito dire o in base ai ricordi o a un indovinare—la sua struttura ossea e muscolare, le sue vene e arterie, le sue fibre muscolari?

Al posto di essere voi *dentro il corpo*, non è forse il corpo che sta dentro di voi? Mi riferisco al suo aspetto, alla percezione dello stesso, al suo utilizzo.

Le persone parlano di rare e meravigliose esperienze fuori dal corpo. Voi avete mai avuto qualche altro tipo di esperienza, qualche esperienza *dentro-il-corpo*—eccetto nella vostra immaginazione?

Si dice che una tipica componente della così detta Esperienza Premorte sia *guardare il vostro corpo dall'alto*. Perché aspettare di essere sul punto di morire per avere questo momento di verità? Perché non fare di *questo* preciso momento il momento della verità? Mettete da parte questo libro e ora guardate in basso verso quel tronco, quelle braccia e quelle gambe. Guardate verso il basso dall'alto, non da due occhi in una testa, ma fuori da uno Spazio vuoto e non delimitato: guardate in basso, come ora potete vedere, da una distanza indeterminata sopra quella forma decapitata—una distanza che va ben oltre quella forma—comunque abbracciandola.

Non siete forse già liberi, spiriti liberi, espansi, non più confinati in quel corpo di quanto non lo siate rispetto a questa pagina, a queste scarpe, a questo tappeto? Siete mai stati *diversi* da questo?

Potrebbe essere questa la verità, il sempre presente sollevarsi dalla tomba, la resurrezione in una vita immortale— proprio ora?

PREMERE IL DITO

Stendete la mano e premete il vostro dito indice contro il pollice il più forte possibile.

Notate dove accade la tensione, sulla base dell'evidenza presente—cioè in quelle cose. E notate dove non c'è tensione—cioè in voi stessi come la non-cosa che sta accogliendo quelle cose, insieme alla loro forma, al loro colore e alla loro opacità. Notate come *voi* non siate più soggetti alla tensione presente in quella mano di quanto non siate soggetti ad avere una forma a causa della forma di quella mano, o un colore a causa del colore di quella mano, o ad essere offuscati a causa dell'opacità di quella mano. Come vuoto a disposizione di tutte le cose e delle loro qualità e tensioni, non potete fare altro che essere diversi da tutto ciò. È la vostra natura essenziale rimanere inalterati, non colorati, non lesionati e non stressati come accade per lo schermo della vostra TV rispetto a tutti i delitti e le sparatorie e gli incendi che imperversano su di esso. Incontaminato e non selettivo come lo è il vostro specchio rispetto a ciò che esso riflette.

RIFERIMENTI
BIBLIOGRAFICI

Face to No-Face
Fate and Freedom (articolo)
Head Off Stress
Intervista (realizzata da Richard Lang nel 1977)
The Life and Philosophy of Douglas Harding (intervista video)
Look For Yourself
Conferenza di Melburne (video)
On Having No Head
On Having No Head (video)
Seeing Who You Really Are (di Richard Lang)
*The Headless Way (*rivista*)*
The Hierarchy of Heaven and Earth
The Trial of the Man Who Said He Was God
Yellow Toolkit
The Little Book of Life and Death
The Science of the 1st Person
To Be and Not To Be
Toolkit for Testing the Incredible Hypothesis (fuori stampa)
Thirty Questions (articolo)

LIBRI DI DOUGLAS HARDING

Short Stories
The Meaning And Beauty Of The Artificial
How Briggs Died
The Melwold Mystery
An Unconventional Portrait Of Yourself
The Hierarchy Of Heaven And Earth (versione originale completa)
The Hierarchy Of Heaven And Earth (versione ridotta)
Visible Gods
On Having No Head
Religions Of The World
The Face Game
The Science Of The First Person
The Hidden Gospel
Journey To The Centre Of The Youniverse
The Little Book Of Life And Death
Head Off Stress
The Trial Of The Man Who Said He Was God
Look For Yourself
The Spectre In The Lake
Face To No-Face
To Be And Not To Be
Open To The Source
The Turning Point
Just One Who Sees
As I See It

La maggior parte di questi libri di Douglas Harding sono ora (2018) in vendita. Il nostro obiettivo è quello di renderli tutti disponibili. Visitate headless.org per maggiori informazioni riguardo ai libri e a molte altre cose!

RIGUARDO ALL'EDITORE

Richard Lang è il Coordinatore di The Shollond Trust, una charity inglese (1059551) creata per aiutare a rendere sempre più disponibile la Via Senza Testa. Tra i libri di Richard: *Vedere Chi Realmente Sei*; *Celebrare Chi Siamo Veramente*; *L'Uomo Senza Testa* (artista: Victor Lunn-Rockliffe). Richard viaggia in tutto il mondo tenendo seminari sulla Via Senza Testa.

Per ulteriori informazioni sulla Via Senza Testa:
www.headless.org
o contattate Richard Lang:
headexchange@gn.apc.org

www.ingramcontent.com/pod-product-compliance
Lightning Source LLC
Chambersburg PA
CBHW040419110426
42813CB00013B/2700